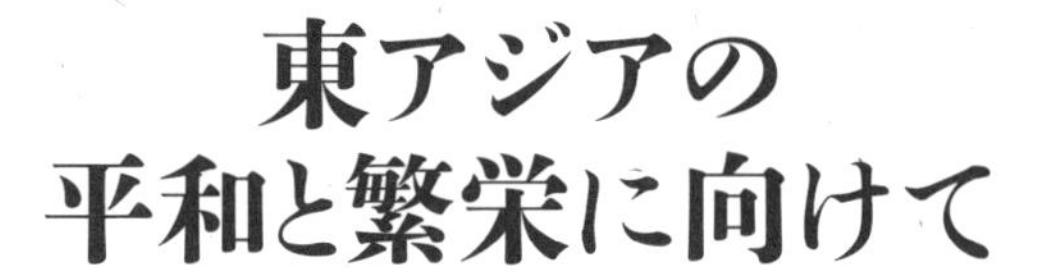

東アジアの平和と繁栄に向けて

日中韓の友好協力関係強化に向けての道筋

鹿取克章

Yoshinori Katori

かまくら春秋社

東アジアの平和と繁栄に向けて

日中韓の友好協力関係強化に向けての道筋

装丁　中村聡

目次

第Ⅳ章　ドイツにおける状況

はじめに—本書の問題提起

現在の東アジアは、多くの困難及び不確定要因を抱えている。朝鮮半島は依然として分断された状況にあり、近年南北間及び米朝間で対話が進められ、一時の緊張は緩和されたものの、これら対話はその後進展を見ておらず、南北関係並びに朝鮮半島の非核化及びミサイル問題の今後の動向は不透明である。日本と北朝鮮の関係正常化も課題として残されている。中国は、世界第二の経済大国として経済的、政治的に国際社会における存在感及び影響力を大きく高めているが、増加を続ける軍事力及び軍事力を背景とした南シナ海における一方的行動等は国際社会の懸念を強めている。香港に対する中国の取り組みも、この地域の大きな不確定要因となりつつある。強権的体制を強めている中国が、今後対外関係にどのように取り組み、また人権や民主化に係わる問題を含め国内の様々な課題にどのように向き合っていくこととなるのかは、国際社会の大きな関心事である。

我が国として朝鮮半島の問題を含め、東アジアの様々な課題に適切に対応し、東アジアの安定と繁栄を確保していくためには、今後とも同盟国であり日本外交の基軸である米国と緊密に連携し、ＡＳＥＡＮ諸国をはじめアジア太平洋地域の国々はもとより世界各国との友好協力関係を強化していくことが重要であるが、隣国である中国及び韓国との円滑な意思疎通及び実務的かつ友好的な協力関係の構築は不可欠である。しかしながら、日中及び日韓の政府間関係は、相互の努力により明るい展望も時折見られるが、特に近年、基本的には円滑さを欠いたぎこちない状況にある。尖閣諸島をめぐる日本と中国の間の緊張は、アジアの不安定要因として国際社会の懸念を呼んでいる。慰安婦問題をめぐる日韓間の感情的拗れは、両国国民相互間の親近感の醸成を妨げてきたが、徴用工の問題は、このような負のスパイラルに拍車をかけている。現在、日中及び日韓政府間においては、多様な懸案についてわだかまりなく率直に協議をし、積極的に協力を進めていく雰囲気が十分存在しているとは言い難い。国際社会も、日本と中国及び日本と韓国の間に存在するこのような空気を、関心をもって見守っている。

国家間に立場の相違が存在すること自体は止むを得ないことであり、むしろ自然なことである。成熟した国際関係においては各国が様々な立場の相違を乗り越え、対話と協力を通じ、相互にプラスとなる関係（win-win関係）を追求していくことが求められる。対立や緊張関係が続く状況は、お互いの国際社会における立ち位置にとって負担となる。日本と中国、日本と韓国、そして日中韓三か国も、立場の相違があったとしても、様々な懸案や問題について現実的視点に立って率直かつ実務的に対話を行い、協力を強化していくことができれば、東アジアはもとよりアジアひいては世界の安定と繁栄にも一層貢献できることとなる。日中韓それぞれの国際社会における存在感も、一層高め得る。日本にとって中国及び韓国とこのような関係を構築することは、日本の一層の発展のためにも、また地域的及び世界的課題に一層効果的かつ積極的に取り組む上でも不可欠である。日中間、日韓間及び日中韓三か国間には、朝鮮半島、南シナ海などの地域的問題はもとより世界経済、地球環境、安全保障など、協力を進めていかなくてはならないグローバルな課題が多々存在する。コロナウイルス問題が現在世界を揺さぶっているが、感染症問題も、もとよりこのような重要課題の一つである。コロナウイルス問題について日韓及び日中間では実質的な協議、協力はほとんど行われてこなかった感があるが、例えば検査を徹底させた韓国の対応は、日本にとっても多くの示唆を含むものであったと考えられる。

建設的な対話及び協力関係を推進するにあたっては、相互に一定の基本的な信頼関係が存在していることが前提となる。日中及び日韓間における相互の信頼関係強化に向けての努力はこれまで鋭意重ねられてきた。しかしながら、依然表面的な感があり定着しているとは言い難い。

日中及び日韓関係において相互の信頼関係の定着を阻害している基本的要因の一つは、歴史認識の問題である。歴史認識問題は、１９８２年の歴史教科書問題以降顕在化かつ複雑化し、しばしば日中及び日韓の間の亀裂を生むようになった。日本は、韓国とは１９６５年に、また中国とは１９７２年に外交関係の正常化を実現したが、歴史認識の確認は、関係正常化に当たっての基本的前提であった。すなわち、日韓間においては、国交正常化交渉の終盤、両国間で次のような確認が行われた。

「李外務部長官は過去のある期間に両国民間に不幸な関係があったために生まれた、韓国民の対日感情について説明した。椎名外務大臣は李外務部長官の発言に留意し、このような過去の関係は遺憾であって、深く反省していると述べた。」（日韓共同コミュニケ。１９６５年2月20日）

また、中国との関係では国交正常化の際の共同宣言で次のとおり表明された。

「日本側は、過去において日本国が戦争を通じて中国国民に重大な損害を与えたことについての責任

を痛感し、深く反省する。」（日中共同声明。1972年9月29日）

しかしながら、1982年の歴史教科書問題によって中国及び韓国は、日本には教科書の検定などを通じ過去の歴史の美化や「歪曲」を進めている人々が存在しているとの問題意識を有するに至った。1982年までは、中国及び韓国は、日本における歴史認識をめぐる動向に特に問題意識は有しておらず、十分に注意を払ってこなかったが、1982年の歴史教科書問題は、中国や韓国などにとって大きな警鐘（wake-up-call）となった。日本の侵略や植民地支配により多大な損害と苦痛がもたらされた中国及び韓国においては、日本の一部における歴史の美化や「歪曲」の動きに大きな衝撃を受け、危機意識が高まった。日本における軍国主義復活の懸念や日本に対する反感も呼び起こされることとなった。

1982年の歴史教科書問題以降、中国や韓国においては日本の歴史問題をめぐる議論や対応が常に注視されていくこととなった。また、歴史を風化させてはならない、日本における歴史の美化や「歪曲」に対抗しなくてはならないという問題意識の高まりにより、学生及び市民に対する歴史教育の重要性が強く認識され、様々な学習会や展示会を含め歴史教育が強化されていくこととなった。第Ⅰ章で記載したとおり、中国及び韓国における多くの歴史記念館（中国盧溝橋の歴史記念館、南京の南京大虐殺記念館、瀋陽の九・一八歴史博物館、韓国忠清南道の独立記念館等）の建設は、1982年の歴史教科書問題を契機に加速されていくこととなった。

日本政府は、中国及び韓国との間で歴史認識問題についての相互理解を深め真の未来志向の友好協力関係を発展させるため、真摯に努力を重ね、様々な機会に日本政府としての歴史認識を表明してきた。

1995年8月15日、戦後50周年の終戦記念日にあたって村山総理は日本政府としての談話を発表し、その中で次のとおりの認識を述べた。

「わが国は、遠くない過去の一時期、国策を誤り、戦争への道を歩んで国民を存亡の危機に陥れ、植民地支配と侵略によって、多くの国々、とりわけアジア諸国の人々に対して多大の損害と苦痛を与えました。私は、未来に過ち無からしめんとするが故に、疑うべくもないこの歴史の事実を謙虚に受け止め、ここに改めて痛切な反省の意を表し、心からのお詫びの気持ちを表明いたします。」[1]

当時の社会、自民及びさきがけ3党の連立政権の下において行われたこの談話は、中国、韓国をはじめ国際社会からの温かい評価を得た。

しかしながら、この村山総理の談話をはじめ日本政府の度重なる声明や努力にもかかわらず、日本と中国及び日本と韓国との間には依然として歴史認識問題についての信頼関係が確立していない。そのため、日本においては、「中国や韓国は歴史カードを放棄しようとしない」、「日本はいつまで謝罪を続けなければいけないのか」、「中国や韓国は国内の問題から国民の目をそらすために歴史問題を利用している」等の声が聞かれる。また、先に述べたとおり、中国や韓国は、1982年の教科書問題以降、歴史教育を強化し、様々な歴史記念館の建設などを進めたため、「歴史問題が解決しないのは中国や韓国における愛国ないし反日教育のためである」等の指摘も聞かれる。これらは、歴史問題がいつまでも解決しないことに対する日本国民の当惑の声を反映している面もあるが、歴史認識問題が解決されていない主たる理由を中国や韓国側に転嫁しようとする人々、特に、「先の戦争は誤りではなかった」など、過去を美化、正当化する歴史認識を有する人々により強調されている面がある。

村山総理の談話をはじめ日本政府の度重なる「反省」や「謝罪」の表明にもかかわらず、なぜ、日中間及び日韓間において歴史認識問題が未だ尾を引いているのであろうか。なぜ、日中間及び日韓間においては歴史認識問題について信頼関係が確立していないのであろうか。

その理由は、日本には過去の歴史を美化し、先の大戦についても「日本は誤りを犯していない、戦争は必然であった」などの立場を積極的に表明している声が現に存在し、メディア、書籍等においてもそのような歴史観が多々見られるにもかかわらず、政府がこのような声に対して明確に反論することなく曖昧な姿勢を維持していると思われているからである。そのため、日本政府の誠実さに対する懸念は払拭されず、多くの日本人の真摯な気持も中国や韓国の人々の心に十分に届かなくなる。例えば1937年の南京事件を否定するような発言、あるいは戦争を肯定するかのような発言が閣僚、有力政治家、各界の指導的地位にある人々により行われる場合には、日本に対する信頼は特に大きく損なわれる。

様々な歴史の事象について多様な視点が在り得るということ自体は別に不自然なことではないと思われるが、日本の場合のように、近隣諸国との関係において機微な近代史について政府とは異なる認識がこれほど顕著な形で主張され続け、またその結果、政府自身の立場についても曖昧な印象を与えてしまっているという状況は、国際的には特異な現象である。G7諸国をはじめ国際社会から見れば、日本の歴史教科書問題、靖国神社をめぐる議論、過去を正当化する有力者の発言等は、すべてこの日本の特殊性を示す現象である。第I章で詳述するが、1982年の歴史教科書問題の際に明らかとなったドイツの近隣諸国に対する軍事行動は「侵略」として認識し、日本の中国への軍事行動は「侵略」ではなく「進出」であるなどの文部省の議論は、国際社会から見れば理解を超えるものである。

日本政府が過去の歴史を直視する重要性を率先して確固として示し、特に青少年に対する過去を直視する歴史教育を徹底させることができれば、中国や韓国を含め、国際社会の日本政府に対する信頼感も一層高まり得る。しかしながら、現実には、政府が表明している歴史認識とは相反する過去を正当化ないし美化する声は後を絶たず、また、政府の歴史認識とは異なる歴史観を基調とした教科書も検定を通過し、青少年の教育の場に提供されている。国際社会の反応には温度差があるが、東京に駐在する各国大使館や外国メディアは、日本における修正主義的議論を「過去を克服できない」日本の特色として注目している。特に、日本の軍国主義及び植民地支配により大きな被害と苦しみを被った中国や韓国が強い反発を示すのは自然なことである。他の国々も、明確には口には出さなくとも日本が国際社会の中で自らの立場を傷つけていること、特に近隣諸国との対立を深めていることを基本的には批判的あるいは冷ややかに観察している。

そして、日本において歴史の美化や「歪曲」の動きが依然として継続しているとの中国や韓国における懸念が高まれば高まるほど、中国や韓国においてはこれに対抗する措置が強化され、日本の中国侵略の歴史や植民地時代の日本の韓国における様々な行為についての記憶が新たにされる。日本の侵略や植民地支配により大きな被害と苦痛を受けた側とすれば、問題意識が高められ、努力を強化することは自然の成り行きである。他方、日本においてはこのような中国や韓国の動きにより反中、反韓感情が煽られることとなる。そのため、歴史認識問題は、日中及び日韓関係に悪循環をもたらす。日本に対する不信感が募れば、歴史認識問題は益々先鋭化する。韓国との間の慰安婦問題の拗れや徴用工問題への波及等も、基本的にはこのような歴史認識問題についての日本に対する不信感が大きな背景となっている。

このような状況は、日本にとっては極めて残念かつ不幸なことである。日本は、戦後一貫して国際社会との和解及び国際協力を進めてきており、現在、国際社会の主要プレーヤーである。国際社会の日本に対する評価は、基本的には極めて高い。国民の大多数は、歴史を直視し、日本が国際社会の中において名誉ある地位を築くための努力を継続することを望んでいる。しかしながら、過去を直視せず、過去を美化しようとする国内の一部の声は、日本の国際社会における立場及び評価を傷つけている。国際社会は、歴史を美化しようとする主張を受け入れるほど無知でもナイーブでもない。口にはださなくとも、そのような主張は共感を呼んでいない。

日本が、政府がこれまで重ねて表明してきている歴史認識について国際社会の疑念を惹起することなく信頼を確立することができれば、国際社会の日本に対する評価と敬意は一層高まることとなろう。日本の外交的オプションは更に広がり、日本は自ら及び国際社会の発展に一層効果的かつ積極的に寄与することができることとなる。

日本は、戦後から今日まで築き上げてきた成果の上に、今後とも国際社会と共に発展を続けていくための努力を積み上げていかなければならない。それは、あたかも、大きな建造物を営々と築いていく努力と比較することができる。立派な建造物を築き上げていくためには、土台が堅牢でなくてはならない。

過去の問題をあいまいにしたまま国際社会の荒波を進もうとすることは、欠陥のある土台の上に建物を築いていくのと同じである。建物は、必ず不安定なものとなり、無理をすれば崩壊することとなる。

国際社会には、日本も積極的に議論に参加し解決を模索するための努力を継続していかなくてはならない問題が山積みされており、様々な挑戦はこれからも絶えることはない。例えば、アジアにおける近年の深刻な不安定要因の一つは、冒頭においても言及した南シナ海における中国の行動である。中国は、国際法上根拠のない広大な「9段線」の内側を自らの領域と一方的に主張し、環礁等の埋め立てや軍事化を進めている。南シナ海における中国軍の一方的行動は、昭和初期の日本の関東軍の意識と行動を彷彿させるものがあるが、中国軍の行動は、中国の国際的信用とイメージを大きく損なっている。南シナ海は、日本を含む多くの国々にとっての重要な交易ルートである。中国は、アジア諸国をはじめ国際社会の中で大きな懸念と警戒心を呼んでいる南シナ海の問題について、各国との建設的な対話を通じ、確立された国際法規に従い、国際社会と協調的に行動することが強く求められている。

日本としても国際の平和と安定のために中国と率直に対話を進めていくことが重要である。しかしながら、「中国の台頭」に対する脅威感や批判的議論により、日本の過去を美化するような歴史認識が更に勢いを得るようなこととなれば、日中間において効果的議論ができなくなる。日本は、自らの今後の発展のためにも、また、国際社会の責任ある一員として将来に向けてその役割を一層効果的に果たしていく上でも、過去の問題についての特に近隣諸国との間の不信感やわだかまりを解消していかなくてはならない。

本書では、第Ⅰ章においてまず1982年の歴史教科書問題を振り返ってみたい。この問題は、既に38年前の出来事であり、われわれの記憶も薄れているが、中国や韓国等において歴史認識についての日本に対する警戒心と不信感を呼び起こす契機となったものである。我が国においても歴史認識問題や教科書検定制度についての問題意識を喚起し、報道でも大きく取り上げられた。1982年の歴史教科書問題が当時日本及び中国、韓国等にいかに大きな衝撃を与えたかについての事実関係の把握は、それ以降の歴史認識問題の展開を考える上で不可欠である。本稿では、1982年の状況を概観し、続いて第Ⅱ章で靖国神社問題や2001年の教科書問題などにより歴史認識問題が日中及び日韓の関係において複雑化した過程を辿ってみたい。第Ⅲ章では、過去の歴史を直視することが近隣諸国との関係をはじめ日本外交の円滑な展開にとって重要である以上に、何よりも日本自身の発展にとって重要であること、すなわち、日本が過去の誤りを繰り返すことなく、国際社会における名誉ある一員として発展を続けていく上で避けて通ることはできない道であることを、改めて確認することとしたい。

第Ⅳ章においては、過去の問題が論じられる時にしばしば日本と比較されるドイツの状況に触れ、第Ⅴ章及び第Ⅵ章では日本として今後日韓及び日中関係にどのように向き合っていくべきかについて私見を述べてみたい。

最後に、近年各国で懸念を呼んでいるいわゆる「ポピュリズム」について触れてみたい。ポピュリズム政治は、国内においては対立と社会の分断を強め、国際関係においては各国の内向き思考を強め、国家間の緊張を高め得るものである。歴史認識の問題は、ポピュリズム政治にとっても有効な養分となり得るものであるので、近年多くの国で懸念が高まっているポピュリズム政治について読者の皆様と問題意識を共有できれば幸いである。

1　談話全文は巻末の参考資料に掲載

第I章

1982年の歴史教科書問題

1. 問題の経緯

(1) 発端

歴史認識をめぐる日中及び日韓間の相互の不信感を高め、中国及び韓国において歴史認識に対する問題意識を呼び起こす原因となったのは、1982年6月25日に検定（昭和56年度検定）を了した歴史教科書の問題である。日本の主要メディアは、文部省の「密室的」、「復古的」、「厳しい」検定姿勢に対する問題意識を高め、26日、紙面を大きく割いて報道した。主要紙の見出し・小見出しは次のとおりである。

・「教科書さらに『戦前』復権へ」、「『侵略』表現薄める」、「押し寄せる『国定化』」（朝日新聞）

・「教科書統制、一段と強化」、「検定、一層密室の中に」、「〝戦時〟におう復古調」、「戦争責任ぼかす」（毎日新聞）

・「高校教科書厳しい検定」、「中国『侵略』でなく『進出』」、「教科書会社　苦境にじむ〝書き換え〟」（読売新聞）

各紙の問題意識は多岐にわたったが、近代の歴史認識に係わる事項については、「戦前の日本の『侵略』行為の記述を極力薄めるなど」、「検定尺度の定着、徹底化を図ったとみられる」（朝日）、「戦争の歴史などの表現、取り扱いについて批判的記述を抑え、過去の日本を正当化……する方向で検定のメスが深く入っているのが目立った」など指摘するとともに、「侵略は進出に言い換えよ」との指示も行われ、ある社では中国への「全面侵略が」「全面侵攻」に書き換えられた、しかしすぐ次のページの「ドイツ・イタリアの対外侵略」はそのまま生かされた（毎日）等報道した。

また、「南京大虐殺」に関しては、「南京占領の際、日本軍は、中国軍民の多数を殺害、暴行、略奪、放火を行い、南京大虐殺として国際的に非難を浴びた。中国人の犠牲者は二十万人に上るともいわれている」との記述が、検定の結果、「南京占領の際、中国軍の激しい抵抗にあい日本軍の損害も多くこれに激高した日本軍は、中国軍民の多数を殺害、南京大虐殺として国際的に非難を浴びた」と書き換えられた（読売）、「『事件の発端は中国軍の激しい抵抗で損害の多く出た日本軍が激高したため』との文章が加わり、日本軍の正当性を強調するかたち」となった（毎日）等報じられた。

沖縄については、沖縄における日本軍による住民虐殺事件の記述は、「出典の沖縄県史は1級資料ではない」との理由で削除された等報じられた（毎日）。

本問題は、翌6月27日の社説においても主要紙で取り上げられた。一部の論調は次のとおりである。

・（毎日「教科書検定の暗いイメージ」）

全体としてみると、文部省には戦前の日本への回顧願望があるようだ。戦争や軍隊についても否定的なイメージを植えつけたくないらしい。「歴史」などにおける教科書調査官の指示には国定教科書への郷愁がにじみ出ている。……戦争の罪悪の象徴でもある日本軍の南京大虐殺も、日本軍の責任をできるだけぼかす方向で修正するよう強制している。……

文部省といえども過去に学ぶことのない愚かさを、子供たちに押し付ける権限はないはずだ。……しかも、修正を要求する理由は実にあいまいである。直さなくともよいはずの「改善意見」までしたがうよう執拗に求める。

・（読売「教科書作りの密室性を廃せ」）

今年は一層統制色が強まっているという印象を受ける。……しかし、全体に流れる統制色の強さと、戦争に対する批判を薄めようとする執拗な要求は、問題が多い。

たとえば、日本の中国に対する「侵略」は「進出」である、といった変更を求めるのは、歴史を正しく認識させる上で、決してプラスにはなるまい。

事実は、ことさら薄めたりすることなく生徒に教え、その歴史の教訓を踏まえて、新たな歴史の担い手に育てるのが教育の本旨ではないであろうか。

(2) 中国及び韓国における動向

1　6月27日、中国の新華社通信は、26日の日本各紙の報道ぶりを引用するかたちで、「日本の中国への全面侵略」を「全面的な攻勢」に変えるなど、「文部省の検定は、日本の中国侵略を粉飾するため歴史を歪曲したという声が強い」等と報じた。[1]

その後、中国及び韓国ではしばらくの間論評等は見られなかった。中国や韓国ではこれまで歴史問題が日本との関係で大きな懸案となったことはなく、当初は、この問題の本質を分析・評価するのに一定の時間を要したものと思われる。また、後述のとおり、当時は日中及び日韓の関係は共に極めて重要な局面にあり、両国は、日本の動向を注視すると同時に、日本政府が日中、日韓関係を考慮し、自主的に何らかの是正措置を採ることを期待しつつ状況を見守ったものと考えられる。

しかしながら、３週間以上が経過した7月20日には中国共産党機関紙人民日報が初めて公式に文部省の検定を批判する論評を掲載し、韓国においても批判的記事が相次ぐ中、７月26日に中国政府、８月３日に韓国政府が公式に我が国に抗議を行うとともに是正を要請し、本件は外交問題化した。

2　中国との関係においては7月20日に人民日報が「この教訓を必ず銘記せよ」と題する批判的短評を掲載し、その中で、１９３７年の日本軍による南京大虐殺事件について「その責任はあたかも侵略に抵抗した中国軍のせいであったかのように言い、事件が起きたのは、中国軍の抵抗にあって日本軍が大きな損害を受けたため、多くの中国軍民を殺害することになったなどと言っている」、「『日本軍の華北侵略』……など、とにかく『侵略』と書かれている字句は一切削ってしまい、それを『進撃』と書き改めている」など指摘しつつ、「日本文部省のこうした教科書の書き改めは、中国人民の大きな憤りをまき起こさないではおかないであろう」等批判した。[2] 7月22日及び23日には新華社通信が文部省の検定姿勢を批判し、その中で「教科書の内容修正は『内政問題』であり、『歴史に対する認識はさまざまであり、教科書は広く受け入れられる一般的な書き方をしなければならない』」などの日本の「某官史」の発言にも反発した。[3]

以降、中国では教科書検定及び文部省の対応を批判する報道及び声が相次ぐこととなった。そのような状況の中、中国外務省は7月26日、初めて公式に在中国日本大使館に対し、「侵略」や「南京大虐殺」などの例に言及しつつ、報道から判断すると、文部省の検定で日本軍国主義が中国を侵略した歴史的事実に改ざんが行われた、これは明確な歴史的事実の真相を歪曲しており、全く同意できない、このような文部省の指導は、中日共同声明と平和友好条約の精神に反する、中国政府は日本政府が中国政府の立場に留意し、誤りを正すよう切望するなどの申し入れを行った。[4]

教科書問題が深刻化する中、文部省は7月29日、検定制度についての理解を得るため、在京中国大使館に対し、要旨次のとおり説明した。[5]

(イ) 日本の教科書は国定教科書ではなく、政府は、民間で著作・編集された図書につき教科書として適切か否かを審査するに過ぎない。政府が検定に際しつける意見に関し、具体的にどう対処するか否かは著作者の創意工夫にゆだねている。

(ロ) 政府が検定に際し意見を付す場合、検定合格の条件として強制力をもった修正意見と、修正するかどうかは著者の判断に委ねられる指導助言の性格を持った改善意見とがある。

(ハ) 「侵略」という表現に対する56年度文部省検定の指導は「改善意見」である。

(ニ) 修正意見の場合であっても、その記述が適切でない理由を示すのみであって、具体的にどのように修正するかについては著作者の創意工夫に委ねられている。

これに対し、中国側は8月1日、在中国の我が方大使館に対し、文部省が、「文部省による歴史のわい曲を弁解し、その責任を転嫁しようとしていることは遺憾であり、文部省がその直接の責任をもっている。この問題の解決以前に小川文相を中国に招くことは適当でないと考える」など述べ、中国政府の招待に基づき両国間で調整が進められていた小川文部大臣の中国訪問の延期を申し入れた。[6]中国は、日本の文部省に対する不信感を高めていった。

3　韓国のメディアも7月に入り「過去の軍国主義、植民地主義を合理化するもの」、「歴史の美化、偽造」などと強く反発し、社説や特集記事で大々的に批判を展開した。特に1919年の3・1独立運動が「暴動」と書き換えられたことに強い怒りと不満が表明されたが、その他にも神社参拝が「強制」ではなく「奨励」となり、労働力としての日本への「強制連行」が単に「徴用令の適用」と表現が変わったことは韓国国民の感情を全く無視、植民地支配を正当化するものと受け止められた。また、「次の日本を担う世代が、ゆがんだ歴史教育を受けて育った場合、将来の両国関係は憂慮される」などの指摘も行われた。[7]文部省は7月30日、在京韓国大使館に対しても日本の検定制度について説明したが、韓国においても教科書問題に対する強い批判と反発が続いた。8月3日、韓国政府は駐韓国日本大使に「具体的な是正策を早急に明らかにすることを求める」旨伝達するとともに抗議の覚書を手渡した。[8]

4　以上のとおり、事態は深刻度を増したが、小川文部大臣の教科書問題は「内政問題」、松野国土庁長官の「場合によっては内政干渉になると思う」[9]、中川科学技術庁長官の「外国からいちいち干渉されるなど重大な問題ではないのか」[10]などの閣僚発言に関する報道は中国及び韓国の反発を強め、態度を一層硬化させた。7月29日には、北京放送、新華社通信等が松野国土庁長官（「教科書の表現を変えろというのは日本への内政干渉になる」、「〝進出〟を〝侵略〟に変えるのは事実の歪曲になる」）、中川科学技術庁長官（「歴史的事実について表現を変えただけなのに、なぜ文句を言われなくてはならないのか」）及び箕輪郵政大臣（「〝進出〟に変えることは歴史事実の歪曲には当たらない」）の3閣僚の閣議後の発言内容を引用し、「日本軍国主義を美化した文部省を弁護した」など非難した。[11]

（3）不信感を高めた検定の実情

教科書問題により、我が国及び近隣諸国においてはもとより、その他の国々においても我が国の教科書検定制度及び歴史認識についての関心と問題意識が高まった。文部省は、日本の教科書検定は、民間の創意工夫を生かしてそれを国家が検定するという制度であり、例えば「侵略」についての文部省の意見は強制力を伴わない指導、助言的な性格を持った改善意見にすぎず（修正意見ではない）、改善意見を受け入れるか否か、受け入れた場合にどのように書き換えるかは執筆者に委ねられている、実際に改善意見に従わず「侵略」という表現を維持した教科書は多数存在する等を国会等で重ねて説明した。[12]しかしながら、報道においては、多くの関係者から文部省の厳しい検定姿勢についての経験等が紹介され、また、厳しい検定への対応のため、検定以前に執筆の段階で筆を抑えるなど教科書会社側の自己規制及び自己検閲が行われていることも報じられた。[13] 更に、文部省は、検定を了した教科書の記述の是正は、検定制度の根幹にかかわる問題であり認められないとの立場を一貫して堅持したが、過去に検定済みの教科書が正誤訂正などにより是正された事例なども紹介された。[14] 検定制度の不透明性は、日本政府に対する不信感を高めることとなった。検定に関する教科書記述者や教科書会社の声に関する報道の例は、次のとおりである。

・6月26日付朝日新聞

「重箱のすみをつつくように、微細な点にまで教科書調査官の指示を受けた」、「むやみにたくさんの指示だった」、「南京大虐殺について、表現を弱めたり、薄めたりする指示を受けた」、「日中戦争などの記述で、侵略という言葉を進出、侵攻に直せと何回も言われた」

・6月26日付読売新聞

「昨年の検定でこれ（侵略）はダメだと思った。かなりしつっこい。こちらの言い分を強く言えば通るだろうが、もうわずらわしくてね」

・7月28日付朝日新聞

（昭和53年度の高校世界史教科書検定に際し、）「『日本の中国侵略という言葉はまずい。シンニュウとかシンシュツとかいう言葉にしてください』との『修正条件』がつけられた」

（昭和53年度の中学社会科「歴史」教科書検定に際し）「侵略という言葉は、悪いという印象が入るので、絶対直せという修正条件が付けられ、調査官には『進出』ぐらいにせよ、といわれた」

・7月29日付毎日新聞

「実態と違う『文部省見解』」との見出しで、次のような文部省調査官と執筆者とのやり取りを紹介しつつ、執筆者や編集者の「限りなく修正意見に近い改善意見が多かった」、「改善意見にしたがわないとなかなか検定をパスしなかった。教科書展示会に間に合わせるため、改善意見でも書き直さざるをえなかった」などの検定の実態についての声を報道。

調査官：「侵略」という言葉は価値観が入る。教科書の記述には、価値観が入った言葉を使うのは、まずいと思う。これは改善意見です。

執筆者：中国に軍隊を出したのは事実ではないか。侵略以外にどんな表現があるのか。

調査官：たとえば、「進出」といった言葉にすれば、価値観が入らなくなるでしょう。

・7月31日付朝日新聞

「これでも『強制せず』か」などの見出しで、教科書執筆者等の声を伝えた。その中で、文部省が「改善意見」について「強制力を持たない指導助言だ」などと国会で答弁していることに対して「教科書の執筆者、出版社などの間から『検定の実態をねじ曲げている、詭弁というよりウソに近い』など激しい反発が起きている」こと、「『侵略』という用語に関しては、今年（昭和56年度）の検定では『改善意見』だったが、実際には、これまで長い間、書き直さなければ検定に合格しない『修正意見』を含む厳しい指導が行われてきたこと、……『侵略』以外の、諸外国からの批判にさらされていることがらについては、今年（同上）も『修正意見』としていることが多いこと」、などを指摘しつつ、次のとおり、いくつかの具体的事例を紹介している。

［検定前：（3・1独立運動の時）日本の軍隊・警察の弾圧で朝鮮人7000人以上が殺され、多数の教会が焼かれた］

調査官「（『修正意見』として）弾圧という表現ですが、暴動になったから弾圧したんです。これを入れてもらわなくては困ります」、「7千人以上には、根拠がない」

［検定後：警察・軍隊により暴動は厳しく弾圧された］

執筆者の声「いくら抗弁しても、議論しても無駄で、変更の余地がないとわかり、仕方がないので指示に従った。これが韓国や朝鮮で反発を呼んでいるとすれば、大変申し訳ないことをしたという自責の念でいっぱいだ」

［検定前：朝鮮人・中国人を日本本土に強制的に連行し、鉱山などで酷使した］

調査官：「（修正意見として）朝鮮人については、強制という言葉は不適当」

［検定後：国民徴用令により、多数の朝鮮人が内地に連行され鉱山などで使役された］

執筆者の声：「最終的には、妥協し、合意した私から、今になって大声でいいたてる気には毛頭ならない。しかし、『（教科書は）かなり自由につくられている』という文部省の担当局長の発言を新聞で読んで、あぜんとした。これほどのうそ八百はないと思った」

［検定前：南京占領のさい、日本軍は中国軍民多数を殺害、暴行・略奪・放火をおこない、南京大虐殺として国際的非難を浴びた。中国人の犠牲者数は20万人に及ぶともいわれる］

調査官：「この事件は混乱の中で起こったことで、戦闘行為との区別がつかない。犠牲者の数も不明だ」

〔検定後：南京占領のさいの混乱のなかで、日本軍は中国軍民多数を殺害し、南京大虐殺として国際的非難を浴びた〕

執筆者の声：「（修正意見である以上）いい負かしたって変わるものじゃない。むなしさと、時間の無駄。調査官にいっても、何の効果もない」

〔検定前：南京を占領した日本軍は、多くの非戦闘員を虐殺し、国際的な非難をうけた〕

調査官：「南京大虐殺ですが、この事件の真相はまだ不明確な段階にあるのではないでしょうか。鈴木明さん（『南京大虐殺』の幻」の著者）の説もありますし……。『多くの非戦闘員を虐殺』というけれど、軍人も多くいたはずですよ」

〔検定後：中国軍の激しい抵抗にあい、日本軍の損害も多く、これに激昂した日本軍は南京占領のさいに多数の中国軍民を虐殺し、国際的な非難を受けた〕

・8月7日付毎日新聞

文部省の指導により、教科書の中の「日本の中国侵略」との小見出しを「満州事変・上海事変」等に書き換えた執筆者の次のような発言を紹介。

「確かに文部省の要求は（強制力を持たない）〝改善意見〟だったが、実際は（書き直しが絶対条件の）修正意見といえるものだった。受けざるを得なかった。いつでも筆を折ることはできた。しかし、今年初めて執筆陣に加わり、自分だけゴネて本が出ないという状況にはできなかった」

・8月19日付毎日新聞（夕刊）

「文部省の言い逃れ許せぬ」、「朝鮮『3・1独立運動』『暴動』と書かされた」などの見出しで、著者の「私は結果的に妥協したわけであり反省しているが、著者に責任のすべてを押しつける文部省の言い逃れは許せない」など、朝鮮における3・1独立運動の記載について書き直しが絶対条件の修正意見が付けられた状況等についての発言を報道。

2. 歴史教科書問題と日中関係

(1) 1972年の関係正常化後の日中関係

歴史教科書問題は、日中両国が共に新たな未来志向的な関係に向けて努力を強化していた日中国交正常化10周年に発生し、その後の日中関係に大きな負担をもたらすこととなった。

日本と中国は、1972年9月29日に田中総理と周恩来(シュウオンライ)国務院総理との間で合意された日中共同声明により関係を正常化したが、関係正常化の重要な前提の一つは、過去の問題についての日本側の認識の表明であった。すなわち日本は、共同声明において「過去において日本国が戦争を通じて中国国民に重大な損害を与えたことについての責任を痛感し、深く反省する」旨表明し、これを中国が受けいれる形で両国関係の正常化が図られ、１９７８年８月12日には福田赳夫政権の下、この共同声明を踏まえて日中平和友好条約が署名（同年10月23日発効）された。

日中平和友好条約の締結された１９７８年は、中国の戦後の発展にとって大きな節目の年であった。１９７６年９月に毛沢東（モウタクトウ）が死去し、華国鋒（カコクホウ）党主席を中心とする指導体制が確立したが、１９７７年に入り鄧小平（トウショウヘイ）がかつて担っていた全ての職務に復帰し、次第に実権を掌握していくこととなった。１９７７年８月に開催された第11回党大会において、文化大革命の終結が宣言され、１９７８年12月に開催された三中全会において改革開放路線の道が敷かれた。また、この三中全会において鄧小平は、事実上の最高指導者の地位についた。[15]

中国指導部は、文化大革命によって荒廃した中国経済を発展させるため、改革開放の旗印の下、外国資本の積極的導入を含め、様々な新たな施策を検討、推進していくこととなるが、中国においては、日中平和友好条約の批准書交換式典参加のために１９７８年10月に訪日した鄧小平国務院副総理が表明したとおり、日本との経済関係の緊密化に大きな期待が寄せられることとなった。この鄧小平の訪問は、「２０００年の長い日中関係史上初めての中国政府首脳の公式訪日であった」[16]。この訪問において、天皇皇后両陛下の鄧小平副総理夫妻への御引見が行われた。通訳として同席した外務省田島中国課長は、「天皇陛下のお人柄とお言葉が、中国の実質的最高首脳である鄧小平副総理の心を打ち、感動させた。それは、中国側の天皇陛下および日本国民に対する見方を強力に改善させ、両国民の信頼関係を築くうえで歴史的に意義のある貴重な貢献となった」[17]と述べている。福田赳夫総理は、条約調印により「日中両国間の吊り橋が鉄橋になった」と評したが[18]、日本においては、福田赳夫政権に続く大平政権、鈴木政権の下、政財界も積極的に対応し、日本のビジネス界においては「中国ブーム」が高まった。１９８２年５月31日には国交正常化10周年を契機に趙紫陽（チョウシヨウ）総理が訪日し（６月５日まで）、両国は、次のとおり、緊密な協力関係推進を確認した。

「両国首脳は、日中関係が１９７２年の国交正常化以来日中共同声明と日中平和友好条約に盛られた原則と精神に基づいて、政治、経済、文化等あらゆる分野で着実に発展し、日中関係の悠久の歴史の中でいまだかつてないほど広くかつ深い交流が行われるに至っていることに満足の意を表明した。

国交正常化10周年というこの特筆すべき時に当たり、両国首脳は、日中友好関係をこれまでに育て上げてきた先人の献身的努力に思いを致し、その基礎の上に将来永きにわたり善き隣邦として日中友好を一層開花させることが日中両国民に課せられた厳粛な責務であることを確認した。」（６月２日の共同新聞発表第５項。１９８３年版外交青書）

(2) 歴史教科書問題の衝撃

１９８２年の教科書問題は、このように日中関係が新たな展開期を迎えつつある状況下に発生したが、この問題は、当時の中国指導部を大きな困難におとしいれることとなった。中国の改革開放政策は、実を結びつつあったが、多くの長老を含む保守派においては改革開放政策の速度や一部に見られた過度の自由謳歌の風潮に対し、懸念や批判がくすぶっていた。指導部としては、改革開放路線を守るために引き続き保守派や長老に気を配りつつ、慎重な舵取りの必要があった。中国共産党にとって抗日戦争勝利は重要な精神的支柱であり、幹部の多くも解放軍出身者であったため、歴史問題は極めて機微であり、対応如何によっては指導部及び改革開放政策に対しても批判が高まる恐れがあった。教科書問題は、日本においてメディアの大きな関心を集め、上記のとおり、検定の実態に対する批判的報道も多く行われたが、これらの報道も、中国における問題意識を高めたことは想像に難くない。

中国党指導部としては、当初は、日本側が「侵略」や「南京大虐殺」等の記述を自主的に教科書原案の記述に戻すなどの措置を採ることを期待していた可能性があるが、検定制度に対する文部省の固い姿勢、日本において見られた一部の強硬論等から、日本側が自主的に何らかの改善措置を採ることはないとの見通しの下、改革開放路線を守るためにも、歴史問題について適切かつ厳格に対処する必要があると判断したものと考えられる。中国は、緊密化しつつある日本との関係を今後とも重視する立場を堅持したが、上述のとおり、7月20日には人民日報が「(歴史的事実の)改ざんは中国人民の大きな憤激を招かざるを得ない」などの短評を載せ、それ以降は、中国各メディアにおいて日本に対する批判的、感情的報道が続く事態となった。そして7月26日には中国外務省は初めて公式に在北京の日本大使館に対し、誤りを正すよう切望するなどの申し入れを行った。[19] これに対し、文部省は7月29日、在本邦中国大使館に日本の検定制度の説明を行ったが、中国政府は、文部省説明は、責任を民間の著作者に転嫁しようとするものであると強く反発し、8月1日には小川文部大臣の中国訪問延期の申し入れを、また8月5日には在中国日本大使に対し、文部省の説明は受け入れられない、中国政府は、教科書の誤りを是正することを要望するなど要旨次のとおりの強い申し入れを行った。[20]

・日本文部省は教科書検定における誤りと日本側のとるべき正しい措置を回避した。逆に責任を回避しようとして様々な言い訳をした。この態度は最も軽薄なものである。中国側は異議を唱えざるを得ない。

・中国政府は、日本軍国主義者の中国への侵略の歴史を認めるか否かは中日関係の発展の原則の重大な問題であると主張する。中国と日本の関係正常化の際、中国と日本の政府間交渉により、この問題の明確な説明が共同声明でなされた。

・日本政府の何人かの高官は、公然と事実を否認し、中日共同声明から逸脱するような発言をし、中国の抗議を〝日本の内政に対する干渉だ〟と中国に反撃さえしている。

・教科書検定の中で生じた諸問題は、すべて歴史的事実を否認し、中日共同声明の原則から逸脱するものであり、中日友好の基盤を掘り崩すものである。これは単なる日本の内政問題とみなすことはできない。

・侵略戦争の被害者として、侵略を受けた歴史をわれわれが公言するのは極めて当然のことであり、そうする正当な権利がある。

・日本の「内政への干渉」という非難は、大衆の注意をそらすためのものである。しかしこの非難は、歴史を改ざんした誤りを包み隠すどころか中国人民のより強い反対を引き起こすだけである。

・歴史の事実を守り、中日共同声明で説明された諸原則を支え、中日両国、両国人民の間の友誼を維持し発展させるため、われわれはここで再度日本政府に対して、教科書の検定に当たっている日本文部省の誤りを正す必要な措置をとるよう要望することを表明したい。

(3) 歴史認識問題の波及

前述とおり、中国報道は、7月後半以降教科書問題を大々的に取り上げ、批判的、感情的論調も増加した。その結果、歴史認識に対する問題意識は広く中国国民に浸透することとなった。中国指導部は、1972年の日中関係正常化以降、国民に対し、日本の戦争責任を問わず、友好親善を重視するよう指導してきたが[21]、教科書問題は、このような中国政府のこれまでの努力を損なうものとなり得た。また、中国においては、潜在的に存在していた日本に対する反感や恐怖心が再び呼び起こされることも危惧された。日本における軍国主義復活に対する警戒心[22]も高まった。

状況が緊迫度を増す中、日中両政府は、両国関係全般に可能な限り悪影響が及ぶことがないよう、本問題の解決に向け努力した。中国においては、9月には第12回共産党大会が予定されており、改革開放政策について保守派から様々な批判が提起されることが予想されていたため、改革開放政策を守る上でも、中国共産党の根幹に触れる(中国共産党の発展の歴史と対日解放戦争は不可分の関係にあり、多くの幹部は、解放軍出身者であった)教科書問題について、党大会までに適切な解決の道筋を見いだす必要があった。また、日本においても、日中関係正常化10周年を機会に、緊密化しつつある日中関係をさらに発展させるため、鈴木総理の訪中が9月末に予定されており、早急に本問題の決着を図ることが求められていた。

3. 歴史教科書問題と日韓関係

日韓両国は、第Ⅵ章で改めて述べるように、1951年10月に予備会談を開始し、関係正常化に向けての交渉を継続したが、韓国においては植民地時代の記憶が忘れられておらず、交渉は困難を極めた。1953年10月に開催された第三次会談におけるいわゆる久保田発言（日本の韓国統治にはプラスの面もあった等の趣旨）に韓国政府が反発し、交渉が4年以上にわたり中断されるという経緯もあった。1957年12月に日本政府が久保田発言を撤回し、交渉が再開された。[23] 過去の問題については、日韓交渉が大詰めを迎えつつあった1965年2月20日、日本政府が日韓共同コミュニケの中で「このような過去の関係は遺憾であって、深く反省している」旨述べ、これを韓国が受け入れ、解決が図られた。同年6月22日、日韓基本条約が署名され、日韓関係は正常化された。

日韓関係は、関係正常化後も紆余曲折があったが、1982年の教科書問題は、韓国との関係においても両国が新たな協力関係強化に向け努力を傾注しようとしていた重要な節目の時期に発生した。韓国においては1979年10月26日に朴正熙（パクチョンヒ）大統領が暗殺され政治空白が生じたが、国軍保安司令官の座にあった全斗煥（チョンデゥファン）が民主化を求める世論からの強い抗議と抵抗を受けつつも1980年5月17日に戒厳令を布告し、翌5月18日の光州における学生等の抗議行動に対しては軍隊を導入して弾圧（光州事件）するなど強権的に政治闘争を制し、同年8月27日に大統領に就任(第11代)した。全斗煥は、同年10月の憲法改正を経て1981年3月3日に第12代大統領に就任し、第五共和国が成立した。

当時、日韓関係は、金大中(キムデジュン)拉致事件(1973年8月8日)、在日朝鮮人文世光(ムンセグァン)の朴正熙大統領暗殺未遂事件(1974年8月15日)[24]などにより冷却化しており、また光州事件後の金大中の逮捕、韓国大法院における死刑判決(1981年1月23日)[25]も日韓関係に影を落としていた。全斗煥大統領は、政権の正統性を確立する上で韓国の安全保障及び経済再建を積極的に推進することを重視し、そのために日本との関係強化を模索した。[26]このような背景の中で1982年4月23日、韓国政府は日本政府に対し、100億ドルの経済支援を打診し、この問題をめぐり日韓間では困難な交渉が進められていた。[27]

6月26日に端を発した教科書問題は、正に全斗煥政権が日本との新たな関係構築の象徴ともいえる経済支援問題交渉を開始していたときに発生した。韓国政府も、日本側における自主的な是正措置を期待しつつ状況を見守った。しかしながら、日本側における自主的な措置の兆しが見えない中、韓国においてはメディアを中心に日本に対する批判と反発が全国的に高まり、上述のとおり、8月3日に至り、韓国政府は駐韓国日本大使に「具体的な是正策を早急に明らかにすることを求める」旨伝達するとともに抗議の覚書を手渡した。

4. 問題解決に向けて

（1） 宮沢官房長官談話

歴史教科書問題をめぐる日本国内の調整は、一方ではこれまでの検定制度及び検定方針を堅持しようとする文部省の立場及び歴史認識、他方では歴史の「歪曲」に対する即時是正を求める中国と韓国の強い要請とが対立し、困難を極めた。政府は、9月1日から開催が予定されていた中国における第12回共産党大会及び9月26日より予定されていた鈴木総理の訪中を視野に、本問題の可能な限り早期の打開に向けて鋭意国内調整を進め、8月26日、宮沢官房長官が「歴史教科書についての談話」を発表した。概要は次のとおりである。[28]

1　1965年の日韓共同コミュニケ及び1972年の日中共同声明において述べられた日本政府の認識[29]にはいささかの変化もない。

2　両コミュニケの精神は、学校教育、教科書検定にあたっても尊重されるべきものであるが、今日、韓国、中国等より、こうした点に関する教科書の記述について批判が寄せられている。我が国としては、アジアの近隣諸国との友好、親善を進める上でこれらの批判に十分耳を傾け、政府の責任において是正する。

3　このため、今後の教科書検定に際しては、教科用図書検定調査審議会の議を経て検定基準を改め、前記の趣旨が十分実現するよう配意する。すでに検定の行われたものについては、今後すみやかに同様の趣旨が実現されるよう措置するが、それ迄の間の措置として文部大臣が所見を明らかにして、前記2の趣旨を教育の場において十分反映せしめるものとする。

4　我が国としては、今後とも、近隣国民との相互理解の促進と友好協力関係の発展に努め、アジアひいては世界の平和と安定に寄与していく。

（2）中国と韓国の反応

上記官房長官談話に対し、教科書記述の即時是正を求めてきた中国と韓国がいかなる対応をとるかが、教科書問題が収束に向かうか否かの分かれ目であったが、韓国政府は8月27日、「問題の教科書の是正がようやく1985年から実現されることは、我々の期待に大変そぐわない」など指摘しつつも、官房長官談話を受け入れる方針を明らかにした。[30]

他方、中国政府は8月29日、在中国日本大使に対し、「中国政府の要求とはあまりにもかけ離れており失望を感じないわけにはいかない」[31]など指摘しつつ官房長官談話を満足できないものとして拒否し、「即時果断な措置」によって教科書記述の誤りを是正するよう重ねて要求した。中国政府の回答は、日本政府見解が教科書是正についての時期、内容など具体的措置を一切明らかにしていないことを問題視するものであった。同時に、「日本軍国主義の中国侵略の歴史を認めるかどうかは原則的問題であり、言葉をあいまいにしておくことは許されない」など、この問題について「将来の歴史家の判断にまつ」[32]との姿勢を示した鈴木総理の態度を間接的に批判するものでもあった。[33]日本政府は、事態打開のための検討を継続し、9月6日、中国側に、上記官房長官談話を踏まえ、9月中には教科用図書検定調査審議会の審議が開始され、11月中には答申を得る予定であるなど具体的な時間的流れや手順を含め、日本側の方針を詳細に説明した。これに対し9月8日に至り、中国側は、「まだ曖昧ではっきりせず、満足できない部分もあるが、従来の説明に比べて一歩前進したものである」、「今後採られる具体的行動及びその効果を更に見守っていく」旨述べ、歴史教科書問題についての一応の外交的収拾が図られた。[34]

(3) 日本の歴史認識に対する問題意識の広がり

以上のとおり、歴史教科書問題は、大きな困難の末一応の外交的決着を見ることとなったが、政府内での検討及び調整が難航している間、中国や韓国等においては1か月半以上にわたり、戦争中及び植民地時代の中国及び韓国の国民が被った様々な被害や苦しみに関し、当時の写真を含めた特集が行われるなど大きく報道された。[35]また、当時の日本の残虐行為や圧政を明らかにするための学習会や展示会など多くの催しが開催された。[36]我が国においても、主要紙において文部省の検定のあり方や歴史認識について多くの批判的報道が行われ、日本軍関係者等の中国や韓国における体験談も多数紹介された。[37]このように、教科書問題は、我が国はもとより中国及び韓国の市民に対し、さらには国際的にも日本の検定制度及び歴史認識についての問題意識を広め、かつ高める大きな契機となるとともに、特に中国及び韓国においては、歴史問題の重要性についての意識を喚起することとなった。

(4) 教科用図書検定調査審議会の答申

教科用図書検定調査審議会は11月16日、概要次のとおりの答申を小川文部大臣に提出した。

1 近隣のアジア諸国との間の近現代の歴史的事象の扱いに当たっては、国際理解と国際協調の見地から必要な配慮がなされていることとする旨の1項目を現行の検定基準に加える。

2 新基準は、今年度(57年度)検定から適用する。

3 昭和56年度に検定を終えた高校歴史教科書の次期改定検定については1年繰り上げて(58年度に)実施することが好ましい。

この答申を踏まえ、文部省は、上記新基準を57年度において検定申請中の59年度使用教科書に適用するとともに、今回問題となった56年度検定済み教科書については次期改定検定を58年度に1年繰り上げて適用していく方針を明らかにした。これらの措置により、すべての歴史教科書は、60年度には是正される見通しとなった[38]。

また、問題となった56年度検定済み教科書は、58年度及び59年度は是正されずに使用されるため、文部省は文部広報を通じて指導上の配慮を促すこととなった。

本問題の審議を行った第二部会(社会科部会)大石部会長は、具体的記述の取り扱いについて「今後『侵略』の表記については原則として検定意見を付さないことになると思う」との談話を発表した[39]。

5. 誤報説

以上、１９８２年の歴史教科書問題についてその発端から、とりあえずの外交的収拾がはかられるまでの経緯を概観したが、日本国内にはこの教科書問題が新聞の「誤報」により生じた問題にすぎないとの主張が一部見られる。なぜならば、各種報道において注目を浴びた論点の一つは、文部省の指導による「侵略」の「進出」への書き換え問題であったが[40]、昭和56年度検定においては「侵略」を「進出」に文字通り書き換えた事例は実際には存在しなかったからである[41]（「侵略」という語が削除され、又は「侵攻」等と書き換えられた事例は存在した）。

例えば、9月7日付産経新聞は、「読者に深くおわびします『侵略』→『進出』誤報の経過」との見出しで、冒頭次のように述べている。

《文部省の検定で、出版社によっては、日中戦争での「侵略」を「進出」に変えたところもある》――産経新聞を含むいくつかの新聞が、このように報道したのが今回の教科書問題の発端でした。ところが、改めて問題の歴史教科書を調べてみると、「侵略」を「進出」に書き換えた事実はなく、さきの記事が誤報であることが分かりました。この記事がきっかけとなって外交問題にまで発展したことを考えると、その責任の大きさははかり知りません。読者の皆様に深くおわびをするとともに、今後なお一層「正確な取材」の徹底を期すことを約束します。なぜ、ミスをおかしたのか。取材の経緯を報告します。》

確かに、昭和56年度検定の結果、「侵略」を「進出」に書き換えた教科書は存在せず、「侵略」を「進出」に書き換えた旨報道したメディアは、その限りにおいて「誤報」を行ったことになる。しかしながら、昭和56年度の検定が日本のメディアの大きな関心と問題意識を高め、また中国や韓国との間の外交問題にまで発展し、更に日本の検定制度や日本の一部の歴史認識について国際的にも大きな注目を集めることとなったのは、これまで見てきたとおり、長年にわたって続けられてきた文部省の検定の実態及び歴史認識並びに日本の一部における過去を美化しようとする声の存在が昭和56年度検定をめぐる問題により顕在化したからである。産経新聞が主張するように、「侵略」が「進出」に書き換えられたとの「誤報の記事がきっかけとなって外交問題にまで発展した」との解釈は、次のような諸点に鑑みても1982年の歴史教科書問題の重要性とその深さを過小評価することとなる。

1　文部省は、少なくとも10年以上にわたり「侵略」という語に関し、「より客観的な言葉である進出」に統一してはどうか等の修正・改善意見を付しており、[42] 過去においては「侵略」を「進出」に書き換えた教科書は存在した。[43] 1982年の歴史教科書問題により、このようなこれまでの文部省の検定の実態が広く明らかとなった。昭和56年度検定においては、「侵略」を「進出」に文字通り書き換えた教科書は実際に存在せず、また、「侵略」という語を維持した教科書も多数存在したが、文部省の改善意見に従って侵略という語を削除した、又は他の表現に書き換えた教科書は存在した。

2　我が国及び中国、韓国等において問題視されたのは、「侵略」に係わる問題だけではなく、より広く文部省の検定の実態及び文部省の歴史認識であり、中国との関係においては南京大虐殺等、韓国との関係においては3・1独立運動、神社参拝、徴用等の記述についての検定の実態も批判の対象となった。[44]

6. 歴史教科書問題の影響

1982年の歴史教科書問題は、戦後日本の歩みにおける極めて重要な出来事であった。国内においては、我が国における歴史教育及び文部省の教科書検定の実態について国民が広く情報を共有しかつ問題意識を持つ契機となった。中国や韓国においては、1982年までは、日本における歴史認識の動向にはあまり注意が払われていない感があったが、この問題以降、中国及び韓国は、日本の一部において過去の日本政府及び日本軍の行動を美化しようとする勢力が根強く存在するとの認識及び危機感を明確に持つに至った。その意味で、歴史教科書問題は、中国や韓国にとっての警鐘となった。国際社会においても、このような日本における動向についての問題意識とともに、日本は、過去を克服できていないとの評価が高まった。

中国の状況についてみれば、中国は、日本との関係を引き続き重視し、友好協力関係の強化に努力するとの基本的立場は維持しつつも、日本における歴史認識問題の動向について大きな注意力をもって見守るようになった。中国においては1982年9月1日より中国共産党第12回全国代表大会が開催され、

4日胡耀邦党主席の報告が行われた。胡耀邦主席はその対外政策関係部分において最初に日本について触れ、これは中国政府が引き続き対日関係を極めて重視していることを示すものであった[45]が、同時に、「中国人民は日本人民および朝野の有識者とともに両国関係を妨害する要素を排除しなければならない。中日両国は世々代々友好な関係を結んでいかなければならない」旨、「現在、日本の一部の勢力が過去の中国、東南アジアの国々を侵略した歴史的事実を美化しようとしており、日本軍国主義を復活させようとさまざまな活動を進めている。この危険な情勢は中日両国人民とその他国家、人民の重大な警戒をひきおこさずにはおかない」[46]等歴史問題について日本に対する要望と警戒心をも表明した。

9月26日より10月1日まで鈴木総理が中国を訪問し、26日及び27日に開催された趙紫陽首相との首脳会談において教科書問題の決着を確認した。28日には、鄧小平党中央顧問委員会主任及び胡耀邦党総書記[47]との会談がそれぞれ行われ、日中関係の重要性が確認されたが、両者とも、日本における一部の軍国主義的傾向に対する懸念を表明した。[48]

以上のとおり、1982年の歴史教科書問題は、一応の決着を見ることとなったが、同問題は、日本における過去を美化する歴史認識の存在に内外の懸念と警戒心を喚起する契機となった。我が国における「満州建国の碑」建立[49]をめぐる動き、総理等の靖国神社参拝をめぐる議論なども、これら懸念を裏付けるとともに高めることとなった。[50]

また、先に述べたとおり、1982年の歴史教科書問題により、特に中国及び韓国の政府関係者、メディア、有識者、学生を含め広く国民全般が、日本における過去を美化及び正当化しようとする一部の試みの存在に対する問題意識と警戒心を持つこととなった。その結果、中国や韓国においては、歴史教育に一層努力しなくてはならない、より積極的に自国民及び世界に対して過去の歴史を伝えていかなくてはならないとの問題意識と使命感が高められることとなった。中国、韓国の学校教育においては歴史が一層重視されるようになり、また、市民に対する歴史教育も強化されていくこととなった。多くの記念館の建設も積極的に進められた。80年代から90年代初頭に建立された中国、韓国における歴史博物館の例は次のとおりである。

（1）１９８５年８月15日、南京の「侵華日本軍南京大虐殺遇難同胞記念館」が開館し[51]、１９９５年増築された。

（2）１９８５年８月５日、ハルピン市の旧関東軍７３１部隊の細菌兵器研究施設跡が対外開放され、展覧室も開館した[52]。

（3）１９８７年、北京郊外の盧溝橋の中国人民抗日戦争記念館が完成した。

（4）１９９１年、瀋陽の「九・一八」歴史博物館が満州事変60周年の機会に建造され、その後、増築を経て１９９９年８月に正式に開館した。

（5）１９８７年８月15日、韓国天安市において独立記念館が開館した。韓国においては、独立記念館建設が独立後すでに構想されていたが、国内外情勢の混乱により実現しなかった。１９７４年には再び民族博物館の建設計画が樹立されたが、財政的問題もあり具体化には至らなかった。しかし、１９８２年の歴史教科書問題の結果、歴史を風化させてはならないとの気運が大きく高まり、同年８月に独立記念館建立のための発起人大会が開かれ、全国民の名において建設が決議された。その後、募金が開始され、１９８７年８月15日開館に至った。[53]

このような中国、韓国における動向は、日本において一部の人たちより「反日教育」と受け止められ乃至主張され、「歴史認識問題がいつまでも解決しないのは、日本に非があるのではなく、中国や韓国における反日教育のためである」など、政府とは異なる歴史認識を正当化するための論拠として主張された。そのような日本における反応は、再び中国、韓国における日本の姿勢に対する疑念を高めた。日本における過去を美化乃至正当化しようとする姿勢は、中国や韓国の一部の人々に内在していた日本に対する不信感や反感も惹起しやすい状況をもたらした。また、日本との友好関係を重視し、日本との関係強化を促進しようとする中国や韓国の指導者も国内において批判をより受けやすい立場に追い込まれることとなった。１９８７年１月に中国の胡耀邦（コヨウホウ）総書記が失脚し、後任には趙紫陽（チョウシヨウ）が総書記代理に任命された。その主たる背景は、共産党内の熾烈な権力闘争であったが、胡耀邦に対する批判の中には日本との関係の進め方も含まれていたとの情報が存在した。[54] 歴史認識問題は、日本、中国、韓国との間の、悪循環を引き起こす要因となった。

1　1982年6月28日付朝日新聞
2　日本の歴史教科書についての「人民日報」の短評、「この教訓はしっかりと覚えておかなければならない」データベース「世界と日本」（代表田中明彦）日本政治・国際関係データベース
政策研究大学院大学・東京大学東洋文化研究所
3　1982年7月23日付朝日新聞（夕刊）
同様の反発は、1982年7月24日付人民日報においてもみられた。

日本の歴史教科書についての「人民日報」の短評「日本の中国侵略の歴史は改ざんを許さない」前掲データベース
4　1982年7月27日付朝日新聞
5　文部省の中国政府に対する説明ぶりは、1982年7月30日衆議院文教委員会をはじめとする文部省の各種国会答弁及び新聞報道に基づいている。
6　1982年8月2日付毎日新聞（夕刊）
7　1982年7月21日付朝日新聞、毎日新聞
8　1982年8月4日付毎日新聞
9　1982年7月24日付朝日新聞（夕刊）、7月25日付朝日新聞
10　1982年7月27日付朝日新聞（夕刊）
11　1982年7月29日付毎日新聞（夕刊）、朝日新聞（夕刊）
12　例えば、1982年7月29日衆議院文教委員会
13　1982年6月26日付朝日新聞、6月26日付読売新聞
—検定を経た地図帳の「中華民国」との表現を「台湾」と修正　1982年8月15日付毎日新聞
14　—中学校社会科（地理的分野）教科書の原子力発電所をめぐる記述が、検定終了後に科学技術庁からクレームがつき、文部省は教科書会社に〝参考意見〟として伝え、八社中六社が記述を手直しした事実がある　1982年8月3日付毎日新聞
15　エズラ・F・ヴォーゲル：鄧小平　上　日本経済新聞出版社　373ページ
16　田島高志：外交証言録　日中平和友好条約交渉と鄧小平来日　岩波書店　105ページ
17　前掲田島高志　138ページ
18　前掲田島高志　137ページ
19　1982年7月27日付毎日新聞
20　1982年8月6日付毎日新聞
21　人民日報は1982年8月15日、社説で文部省が検定に際し日本の侵略の事実をゆがめ、日本軍国主義を美化していることを強く批判したが、人民日報がこの日（終戦の日）を日本に批判的な社説で飾ったのは、日中国交正常化後初めてのことであった。（1982年

8月16日付毎日新聞）

22 1982年8月3日付人民日報は、「軍国主義のロジックを警戒せよ」と題する解放軍報社説を転載。1982年8月5日付毎日新聞

23 久保田発言を含め日韓交渉の経緯については、例えば次の図書において説明されている。
高崎宗司：検証日韓会談　岩波新書　49〜55、80ページ

24 この事件において朴正熙大統領は難を免れたが、陸英修夫人は流れ弾により死亡した。

25 同日、無期懲役に減刑され、1982年12月23日、刑の執行が停止され米国に出国。
1982年12月23日、24日付朝日新聞他

26 全斗煥政権は、経済活性化を実現し、外交面では1988年のソウル・オリンピック招致に成功するなど一定の成果を収め、また北朝鮮との緊張（1983年10月9日、ラングーン事件発生。全斗煥大統領は間一髪でテロを免れる）が強権的政権運営の追い風となったが、1988年2月の退陣後には光州事件に際しての人権侵害や市民の殺傷、不正蓄財などにより訴追され、死刑判決を受けた（その後、減刑を受ける）。

27 本件をめぐる交渉については次の文献に詳細に記述されている。
小倉和夫：秘録・日韓1兆円資金　講談社

28 外務省資料による。http://www.mofa.go.jp/mofaj/area/taisen/miyazawa.html

29 1965年の日韓共同コミュニケ：「過去の関係は遺憾であって深く反省している」
1972年の日中共同声明：「過去において日本国が戦争を通じて中国国民に重大な損害を与えたことの責任を痛感し、深く反省する」

30 1982年8月27日付毎日新聞（夕刊）

31 1982年8月29日及び9月10日付毎日新聞

32 1982年8月23日、鈴木総理の記者会見において要旨次のようなやり取りがあった。
（問）過去の戦争に対する首相の「侵略」「進出」の認識は。
（答）わが国の行為に対する評価は後世の史家の判断に待つべきと思うが、中国を含め国際的には「侵略」との厳しい評価、批判、認識があることも事実だ。政府として十分認識する必要がある。
1982年8月24日付毎日新聞
なお、1982年8月6日の衆議院文教委員会において小川文部大臣は、日中戦争について「弁護の余地なき戦争」、「侵略であった」等答弁している。

33 1982年8月29日付毎日新聞

34 1982年9月10日付毎日新聞ほか各紙

35 例えば、8月2日付中国の人民日報は、南京大虐殺の特集を掲載（1982年8月3日付毎日新聞）。8月5日付韓国の朝鮮日報は、植民地下の朝鮮半島での日本軍や朝鮮総督府の残虐行為に関する写真を「日帝の蛮行　繰り返してはならない歴史の現場」として特集（1982年8月6日付毎日新聞）

36 1982年8月12日、南京市の南京博物館で「中国を侵略した日本軍の南京大虐殺罪証史料展覧会」が開会された。1982年8月14日付毎日新聞

37 1982年8月14日付毎日新聞は、元731部隊の隊長付き運転手の体験談を紹介。

38 昭和56年度検定を通過した教科書は昭和58年（1983年）4月より使用され、次回検定は本来3年後の昭和59年度に行われることとなっていたが、検定が1年繰り上げられ58年度に行われることにより、新たな検定基準を踏まえた教科書は、昭和60年（1985年）4月より使用に供され得ることとなった。

39 1982年11月17日付毎日新聞他各種報道による。

40 例えば、1982年8月26日付毎日新聞は、「侵略を進出と書き改めるケースが続出」等言及した。

41 「侵略」という語をめぐる昭和56年度検定の状況は次のとおりであった。

日本史：検定前に「侵略」と記述していたため検定意見が付されたものは、3教科書4か所。検定意見にしたがって記述を改めたもの1教科書1か所。2教科書3か所は「侵略」という語を維持。

世界史：検定意見が付されたものは6教科書10か所。検定意見に従って記述を改めたもの2教科書3か所。「侵略」という語を維持したのは4教科書7か所。

「侵略」を「進出」に書き換えた教科書は存在せず。

1982年7月29日参議院文教委員会における小川文部大臣答弁

1982年7月30日衆議院文教委員会における鈴木政府委員答弁

同年7月30付毎日新聞

42 昭和57年8月19日衆議院外務委員会における藤村説明員答弁

43 昭和57年9月28日付毎日新聞

44 南京事件について中国側が問題視した検定による改訂例は次のとおり

A社高等学校日本史

原案「南京占領のさい、日本軍は中国軍民多数を殺害、暴行・略奪・放火をおこない、南京大虐殺として国際的非難をあびた。中国人の犠牲者は20万人にのぼるともいわれる。」

↓検定後「南京占領のさいの混乱のなかで、日本軍は中国軍民多数を殺害し、南京大虐殺として国際的非難をあびた」

B社高等学校日本史

原案「南京を占領した日本軍は、多くの非戦闘員を虐殺し、国際的な非難を受けた。」

↓検定後「中国軍の激しい抵抗にあい、日本軍の損害も多く、これに激高した日本軍は、南京占領のさいに多数の中国軍民を虐殺し、国際的な非難をうけた。」

45 9月28日に行われた鈴木総理と鄧小平党中央顧問委員会主任との会談において鄧小平は、「(胡耀邦総書記の4日の政治報告は、) 対外政策の中で中日関係を第1位に持ってきた。中米、中ソ両国関係も大切だが、中日関係はもっと大切であり、両国、両国人民が世々代々にわたり友好裏に付き合っていくことの重要性が大会で確認された」旨述べた。

46 1982年9月29日付毎日新聞

47 1982年9月4日付毎日新聞 (夕刊)

中国共産党第12回党大会に続いて行われた第12期中央委員会第1回全体会議において、党の最高指導者である総書記以下の党指導部人事が決定された。胡耀邦が党の総書記に選出された (党主席・副主席は廃止された)。なお、党中央顧問委員会が新設され、鄧小平がその長 (主任) に就任した。

48 1982年9月29日付毎日新聞

49 「満州建国の碑」とは、岸信介元首相が会長となっていた「満州建国の碑建設会」が静岡県富士霊園に建設を予定していたもの。1982年8月23日付新華社通信、8月24日付人民日報、8月27日付北京放送、同日付人民日報等がこの計画は、「侵略を本性とする日本軍国主義の亡霊がまだ死んでいないことを示している」、「日本政府は公然と中国人民を敵視するこうした卑劣な動きを制止すべきである」等批判した。1982年8月24日付毎日新聞 (夕刊)、同朝日新聞 (夕刊)、8月27日付毎日新聞 (夕刊)

なお、9月15日に至り、この計画が中止されることとなった旨公表された。1982年9月16日付Japan Times

50 中国の姫鵬飛(キホウヒ)国務委員は、9月11日に田辺社会党副委員長らと会見した際、教科書問題に関連して、「日本で『満州建国の碑』を建てるなら、私たちは『日本侵略被害者の碑』を建てねばならなくなる」と述べ、岸信介元首相らによる同碑建設の動きを含む一部の大陸侵略正当化の動きを非難した。1982年9月12日付朝日新聞

また、鄧小平中央顧問委員会主任は、1982年11月

16日の日本社会党友好訪中団幹部との会談において、『満州建国の碑』建立の動きは、教科書よりももっとひどい問題だった」と指摘した。1982年11月17日付毎日新聞

51　1985年8月16日付朝日新聞

52　同上

53　独立記念館パンフレット

54　1987年1月26日付朝日新聞

第Ⅱ章

歴史認識問題の複雑化

1982年の歴史教科書問題によって中国や韓国は、日本には過去の歴史の「歪曲」や「美化」を試みる人々が存在しているとの問題意識及び確信を有するに至り、日本における歴史認識をめぐる議論は、中国や韓国等において常に大きな警戒心をもって注視されていくこととなった。日本においては、1982年以降も歴史認識をめぐる論争は収束することなく、一部の日本の閣僚及び日本の要人の発言や行動も中国や韓国等の危機感と問題意識を高めていくこととなった。以下、歴史認識問題を複雑化させている要因を例示してみたい。

1. 2001年の「新しい歴史教科書」の刊行

2001年4月3日、「新しい歴史教科書をつくる会」（以下「つくる会」）が主導した中学校用の「新しい歴史教科書」が文部省の検定に合格した。「つくる会」は、過去の過ちを認めるような歴史観は「東京裁判史観」であるとして、日本は「誤りを犯していない」、日本は「謝る必要もない」などの歴史認識を積極的に主張していた。

この教科書の原案（「白表紙本」）については前年から一部報道されており、中国及び韓国から「歴史の歪曲」、「過去の美化」などと懸念の声が表明されていた。「つくる会」の立場は、この教科書を広報するために出版（2000年9月に第1版第1刷発行）された同会編集の「新しい歴史教科書誕生!!」（PHP）という図書に詳しく説明されている。記述の一部は次のとおりである。

・日米戦争は必然のものであったことが、いまになって思われるわけです。戦争というものは正義でも不正義でもなく、道徳とは無関係に起りうるものなので、日本が正しいとかアメリカが正しいとかはあり得ないわけです。（26ページ）

・日米は戦わざるを得なかった。（153ページ）

・大東亜戦争については、四ページにまとめられていますが、最初の二ページは東南アジアにおける緒戦の大勝利を描いています。わずか百日ほどでアジアから白人支配を追い出したので、「東南アジアやインドの人々さらにはアフリカの人々にまで独立への夢と勇気を育んだ」と記述しています。[1]（26ページ）

・ドイツが侵略戦争をしたからといって問われていますか。あれはホロコーストが問われているだけで、侵略戦争をドイツがしたといってそれを問責する声はヨーロッパ内に全然ありません。（102ページ）

・われわれの教科書で、自分でいうのもなんですが、日本人の心を強く打つものがあります。おそらくこれまでの教科書で初めてではないかと思われますが、神風特別攻撃隊について叙述的に写真と隊員の家族への手紙入りで書かれています。そしてその章のしめくくりに「戦争は悲劇である。しかし、戦争に善悪はつけがたい。どちらかが正義でどちらかが不正という話ではない。国と国とが国益のぶつかり合いの果てに、政治では決着がつかず、最終手段として行うのが戦争である。アメリカ軍と戦わずして敗北することを、当時の日本人は選ばなかったのである」と、あの時代の日本人の決意と自己認識をまとめています。この部分は、われわれの志を強く訴えたものであり、「つくる会」の原点

ともいえるかもしれません。[2]（26-27ページ）

・私たちは謝る必要はない。罪を犯したわけでも何でもない。正当に戦って、みんな死んでいった。（253ページ）

この教科書の白表紙本は、検定の過程で137か所修正されたが、「つくる会」関係者が「修正後も、歴史の見方の大きな流れにはほとんど影響を受けていません。読んでもらいたいのは小さな修正部分ではなく、全体のこの流れです」[3]と指摘しているとおり、底流にある歴史観は、村山総理の談話などで示されてきた政府の歴史観とは異なる。そのため、この教科書の検定合格及び政府のこの教科書に対する曖昧な姿勢は、中国、韓国等を失望させるとともに、日本に対する批判を改めて高めることとなった。

特に、1998年10月8日には小渕総理と韓国の金大中（キムデジュン）大統領との間の日韓共同宣言において、「両首脳は、両国国民、特に若い世代が歴史への認識を深めることが重要であることについて見解を共有し、そのために多くの関心と努力が払われる必要がある旨強調した」と謳われ、また同年11月26日に発表された小渕総理と中国の江沢民（コウタクミン）国家主席との間の日中共同宣言においても「過去を直視し歴史を正しく認識することが、日中関係を発展させる重要な基礎であると考える」など確認されたばかりであり、「新しい歴史教科書」の検定合格は、日本政府の歴史認識に対する姿勢の信頼性を改めて損なうものとなった。[4]

2. 靖国神社の問題

(1) 靖国神社問題の背景

教科書の問題と共に、特に中国や韓国との間で日本政府の歴史認識について懸念、批判及び議論を呼ぶのは、靖国神社の問題である。靖国神社は、明治2年（1869年）、東京招魂社として建てられ、1879年に靖国神社と改称された。靖国神社には、幕末の嘉永6年（1853年）以降、明治維新、戊申戦争、西南戦争、日清戦争、日露戦争、太平洋戦争など、様々な戦争や戦い等で命を落とした246万6千柱以上[5]の先人が祀られている。我が国においては、誰もがわだかまりなく戦争の犠牲者を追悼できる政治的及び宗教的に中立な追悼施設が存在しないため、先の日中及び太平洋戦争の犠牲者についても戦前、戦中同様、靖国神社が多数の国民にとっての追悼施設としての役割を担ってきた。しかしながら、現行憲法は、政教分離を明確に定めており（第20条及び第89条）、総理の終戦記念日における公式参拝を含め靖国神社と政府の関係は、法的論議を呼んだ。総理大臣として初めて8月15日の終戦記念日に靖国神社を参拝したのは三木総理であり（1975年）、その後1978年に福田赳夫総理、1980年及び1981年に鈴木総理が終戦記念日に靖国神社を参拝した。[6]しかしながら、憲法との関係が考慮され、いずれの参拝も「私人」の資格で行われた。また、1980年11月17日には宮沢官房長官が、公式参拝が「合憲か違憲かということは、いろいろな考え方があり、政府としては違憲とも合憲とも断定していないが、このような参拝が違憲ではないかとの疑いをなお否定できない」などの見解を表明した。しかしながら、１９８２年の終戦記念日には鈴木総理が公私の区別をあえて曖昧にした形で靖国神社を参拝したため、総理の靖国神社参拝は、改めて批判と懸念を呼んだ。１９８２年は、第Ⅰ章で見たとおり、歴史教科書問題が中国、韓国との間で外交問題となり、靖国神社の問題は、中国や韓国等においては教科書問題で顕在化した日本における「過去の歴史の美化」及び「新たな軍国主義の動き」の一つの表れと認識され、批判を呼んだ。[7] 靖国神社の問題は、１９８２年の歴史教科書問題が顕在化するまでは、中国及び韓国において必ずしも大きな注意が払われてこなかったが、教科書問題の発生により日本の一部における過去の歴史を美化しようとする動きが国内的にも国際的にも多くの人々の知るところとなり、靖国神社問題も、日本におけるそのような動きの一つとして批判と注意を集めることとなった。

１９８２年11月27日に中曽根政権が発足し、中曽根総理は、公・私の別を曖昧にした形で[8]１９８３年及び１９８４年の終戦記念日に靖国神社を参拝した。しかしながら、１９８５年8月9日、藤波官房長官の私的諮問機関である「閣僚の靖国神社参拝問題に関する懇談会」が1年間の議論を経て「首相や閣僚の靖国神社への公式参拝を実施する方途を検討すべきである」との報告書を藤波官房長官に提出したことを踏まえ、8月14日、藤波官房長官は、「靖国神社公式参拝については、憲法のいわゆる政教分離原則の規定との関係が問題とされようが、その点については、政府としても強く留意しているところであり、この公式参拝が宗教的意義を有しないものであることをその方式等の面で客観的に明らかにしつつ、靖国神社を援助、助長する等の結果とならないよう十分配慮するつもりである」などの談話を発表し、翌8月15日の終戦記念日、中曽根総理は「公式参拝」と明言しつつ靖国神社を参拝した。

この靖国神社公式参拝をめぐる動きは、国内において批判と懸念の声を高めるとともに中国や韓国における反発を呼び、また国際的にも靖国神社の問題に対する注意を広く喚起する結果となった。1986年8月14日、後藤田官房長官は、総理の公式参拝については「国際関係を重視し、近隣諸国の国民感情にも適切に配慮しなければならない」との談話を発表した。中曽根総理は、対中関係などを考慮し、1985年の公式参拝後は靖国神社参拝を行わず、靖国神社問題をめぐる議論はその後しばらく下火となった。

(2)　靖国神社の歴史認識

総理の靖国神社参拝は、我が国においては政教分離を定めた憲法の規定との関係で主に議論を呼んだが、中国や韓国等をはじめ国際社会において批判を呼ぶのは、靖国神社が日本の軍国主義の歴史を正当化かつ美化している中心的存在と受け止められているからである。すなわち、政府は1995年の村山総理の談話に明確に述べられているように、我が国が戦争への道を歩んだことを「国策の誤り」と認識し、「植民地支配と侵略」に対して「痛切な反省と心からのお詫びの気持ちを表明」しているのに対し、靖国神社は、「戦争はやむを得なかった」など、過去の戦争を国策の誤りとは認識しておらず、日本がアジア諸国等への侵略戦争を行ったという認識も有していない。靖国神社は、政府とは正面から対立する歴史認識を表明し、このような自らの歴史観を様々な出版物や遊就館[9]の展示物などを通じ積極的に広報している。また、戦後の日本の国際社会への復帰、日本の復興、安全保障及び国際友好関係構築の基礎となった1952年のサンフランシスコ平和条約に対しても、同条約と相いれない立場を表明(後述)している。

靖国神社社務所発行の「靖国大百科」は例えば次のとおり述べている。

・日本の独立と日本を取り巻くアジアの平和を守っていくためには、悲しいことですが外国との戦いも何度か起こったのです。明治時代には「日清戦争」、大正時代には「第一次世界大戦」、昭和になっては「満州事変」、「支那事変」そして「大東亜戦争」が起こりました。

・戦争は、本当に悲しい出来事ですが、日本の独立をしっかりと守り、平和な国家として、まわりのアジアの国々とともに栄えていくためには、戦わなければならなかったのです。

・戦後、日本と戦った連合軍(アメリカ、イギリス、オランダ、中国など)の形ばかりの裁判によって一方的に〝戦争犯罪人〟という、ぬれぎぬを着せられ、無残にも命をたたれた千六十八人の方々……靖国神社ではこれらの方々を「昭和殉教者」とお呼びしていますが、すべて神様としてお祀りされています。

また、1979年4月19日付朝日新聞は、靖国神社が前年の1978年、新たに就任した松平永芳宮司の判断に基づき、極東国際軍事裁判（以下東京裁判と略す）で有罪となったA級戦犯14名[10]を内々に合祀していたことを報道した。

もっとも、「内々」という点に関しては、靖国神社側は、次のとおり、「勝手に」「密かに」合祀したわけでも何でもない。いわば、官民一体の共同作業によって合祀されたものである旨述べている[11]。

・「戦前、靖国神社は陸海軍省の所管で、合祀の手続きはもちろんのこと、靖国神社のご祭神をどのように選定し決定するかも、陸海軍省が決めていた」。

・戦後は、「靖国神社は民間の一宗教法人となり」、靖国神社にお祀りすべき戦没者の選考は、「陸海軍省の後身である第1、第2復員省に始り、そこから復員業務と遺族の援護業務を引き継いだ厚生省が、この問題を担当することとなった」。

・「A級戦犯については、昭和41年2月に（厚生省より）『祭神名票』が神社に送られ」たが、「すぐには合祀されなかった」。「結局、昭和53年の秋季例大祭の前日…合祀されるということになり、翌昭和54年4月19日、そのことが新聞報道によって明らかになり、国民の知るところとなった」。

・「こうした一連の経緯」から、「戦犯の合祀が歴代政府の厚生行政の一環として行われたことは明らか」である。

いずれにせよ、この事実は、この報道によって初めて表面化し、靖国神社と過去を美化及び正当化する歴史認識を有する人達との関係に光を当て、その後も靖国神社をめぐる様々な議論を呼ぶこととなった。後述のとおり、特に終戦60周年に当たる2005年前後には靖国神社に改めて焦点が当たり、様々な報道が行われたが、報道によれば、松平宮司の前任の筑波藤麿宮司は、無謀な戦争を推進・指導した戦争責任者と、戦場に送りこまれ、悲惨な死を遂げた多くの兵士たちが同じ場所で祀られることは適切ではないとの判断の下に、一部の方面からの圧力にもかかわらずA級戦犯の合祀は見合わせてきたとのことであった。[12] 戦場に送られ、国を思い、家族を思い、見込みのない作戦、補給物資の不足による餓死や病死、展望のない状況の中で人間の命を軽んじる玉砕や特攻作戦などにより犠牲を強いられた人々が、日本を壊滅に近い状況にまで追い込んだ軍部を中心とする戦争を指導した人々と同列に扱われることに違和感を持ったとしても、自然なことであると思われる。

(3) 2001年以降の靖国神社問題

上記(1)で述べたとおり、靖国神社の問題は、1985年に議論を呼んだ以降一時下火となり、その後1996年7月29日の橋本総理の靖国神社参拝の際に中国、韓国より批判の声が上がったが、靖国神社問題が大きな懸案として再び浮上するのは、2001年以降であった。すなわち、2001年8月13日に小泉総理が靖国神社を参拝し、その後、2002年4月21日、2003年1月14日、2004年1月1日、2005年10月17日、2006年8月15日と小泉総理は在任中計6回靖国神社を参拝し、靖国神社の問題は、内外で大きな注目を集めることとなった。

小泉総理は、靖国神社を参拝するにあたり、参拝は、「戦没者に対する敬意と感謝」の表明であり

「決して戦争を美化したり正当化」することを意図しているものではない旨[13]、「靖国神社には靖国神社の考えがあるでしょう、これは政府と同じものではありません」、「私が靖国神社に参拝することが靖国神社の考えを支持しているんだというふうにはとらないでいただきたい」[14]など、総理として靖国神社の歴史観を共有しているわけではない旨指摘しつつ、「心ならずも、家族を残し、国のために、命を捧げられた方々全体に対して、衷心からの追悼を行うのであります」[15]など、参拝目的を重ねて説明した。

また、「靖国神社参拝が、過去の軍国主義を美化しようとする試みではないかとの見方は誤りである」[16]、東京裁判との関係についても、日本政府は「裁判を受諾している」、東京裁判で有罪判決を受けた25名について「戦争犯罪人であるという認識をしている」[17]などを述べつつ、総理として村山総理の談話で示された歴史認識を共有している旨強調した。

しかしながら、靖国神社は、戦中は日本の軍国主義を支える重要な精神的支柱であったことに加え、上述のとおり、政府とは異なる歴史観、すなわち戦争を正当化する歴史観を明確に表明し、また、A級戦犯を内々に合祀していたことが判明したことなどにより、中国、韓国をはじめ多くの諸外国から、過去を美化及び歪曲する歴史観を代表する存在とみなされている。そのため、総理はもとより日本の要人の靖国参拝は、日本政府がこれまで重ねて表明してきた過去に対する「反省」及び「謝罪」の姿勢と相いれないものと受け止められ、日本政府に対する信頼を損なうこととなっている。

国内においても、靖国神社は、多くの人にとって先の大戦等で犠牲となった肉親や友人、同僚を追悼する重要な場となっているが、同時に多くの人にとっては尊い命の犠牲を強いられた軍国主義の象徴的存在であり、今日に至るまで、立場や見解が対立する施設となっている。このような事情から、靖国神社については様々な観点から議論が行われてきた。

特に、終戦60周年に当たる２００５年の前後には、折から靖国神社の問題が世論の注目を集めていたこともあり、自らの親族が一方的に合祀されていることに対する批判や怒りを含め様々な視点が報道により紹介された。

例えば、ひめゆり学徒の弟が「姉が『英霊』にされ、再び戦争を賛美するような社会を作り出すことに利用されることに屈辱を感じています。戦前から私たち家族はキリスト教徒でした。その意味でも合祀には強い憤りを感じます。今年（２００５年）2月、誰の承諾を得て合祀したのかを文書で尋ね、合祀取り下げを申し入れましたが靖国神社からの回答はありません」[18]など述べていること、東京裁判でA級戦犯として起訴、処刑された広田弘毅元首相が合祀されていることについて、遺族は、「広田家として合祀に合意した覚えはない」、「靖国神社と広田家とは関係ないものと考えている」と述べていること[19]など、靖国神社が遺族の了解を得ることなく、一方的に合祀していること、遺族の合祀取り下げ要請に対してはかたくなにこれを拒否していることなども明らかにされた。

合祀された台湾人、韓国人の遺族の中には「被害者と加害者を一緒に祭るべきでない」などとして「合祀取り下げ」を申し入れた人もいるが[20]、神社側は応じていないことも報道された。また、日本が植民地支配をしていた韓国人の次のような心の苦痛や葛藤も紹介された。

「父が靖国神社に合祀されているというのは父の霊魂がいまだに日本の植民地支配を受けているのと

同じことです。父の合祀を知った時の悲しみは言葉にできません。……日本は遺族の了解もないまま、靖国にまつっていた。こんなやり方を許せますか。……合祀撤回の要求に、靖国神社からは『全ての人が合祀を誇りにしている』との回答がありました。なぜ遺族の嫌がることを無理強いするのですか。父を生きて返してほしいとは言っていない。遺族の心を無視した追悼なんて理解できません。それがかつてじゅうりんした朝鮮人に対する態度なら、日本は侵略を反省していないとしか思えない。私は日本人を恨みたくない。重荷を下ろしたいだけです。日本の人たちにも韓国の被害者のことを、自分の家族のことのように考えてほしい。それが願いです」[21]

また、2006年7月20日付の日本経済新聞は、「A級戦犯　靖国合祀　昭和天皇が不快感」、「参拝中止『それが私の心だ』」などの見出しで、天皇陛下がA級戦犯の合祀に強い不快感を示し、またA級戦犯の合祀が天皇陛下の靖国参拝を見合わせる背景となったことを示す次のような富田朝彦元宮内庁長官のメモを報道した。

「私は、或る時に、A級（戦犯）が合祀され、その上、松岡、白取（原文のまま）までもが。筑波は慎重に対処してくれたと聞いたが」

「松平の子の今の宮司がどう考えたのか、易々と。松平は平和に強い考（え）があったと思うのに、親の心子知らずと思っている。だから、私はあれ以来参拝していない。それが私の心だ」

本件については、同年7月21日及び22日付の東京新聞も、「『内意』無視　元宮司ら〝強硬〟」、「皇国史観に強く傾倒　戦争正当化、合祀進める」、「靖国行かない『強い意志と怒り』」などの見出しで詳細に報じ、その他主要紙も大きな関心をもって報道した。

（4）誰もがわだかまりなく訪問できる追悼施設設立をめぐる議論

以上のような様々な事情を見ても、誰もがわだかまりなく戦争の犠牲者を追悼できるような方途の検討が重要であることは論を俟たない。靖国神社をめぐる内外の議論が高まる中、2001年12月14日に福田康夫内閣官房長官の下に「追悼・平和祈念のための記念碑等の在り方を考える懇談会」が設置され、翌2002年12月24日に報告書が提出された。同懇談会は、報告書の中で「国を挙げて追悼・平和祈念を行うための国立の無宗教の恒久的施設が必要であると考えるに至った」等指摘した。

国にとって、過去を思い起こし、国のために命をささげた人々を慰霊し追悼する施設の存在は極めて重要である。このような施設は、上記懇談会の議論の際に指摘されたように、誰もがわだかまりなく訪問できる場所であることが必要である。また、日本人だけではなく、さまざまな国々の人々もわだかまりなく訪れることのできる和解の場でもあることが重要である。過去の過ちを反省し、亡くなられた犠牲者を追悼し、そして各国との和解を推進する施設が実現できれば、これは、真の意味で、過去の克服につながるであろう。

今日の日本は、多様性を重視する民主主義社会である。したがって、靖国神社を信奉する人々の気持ちは尊重されるべきであると思う。靖国神社には靖国神社としての歴史があり、日中戦争や太平洋戦争を支える日本軍国主義の精神的支柱としての役割を担う以前には、より広く国民の信奉を集めていたものと思う。

しかしながら、靖国神社が政府と異なる歴史観を維持し、過去の戦争を正当化し、日本の戦後の発展の基礎となったサンフランシスコ平和条約の規定にもかかわらず東京裁判を否定する立場を取り続ける限り、また何よりも遺族の意思をも尊重しない一方的な姿勢を維持する限り、靖国神社は日本国内においても対立や摩擦を呼び続け、日本人全体を代表する追悼施設にはなり得ない。近隣諸国との関係においても対立や摩擦を呼び、和解に貢献することができない。また、外国の人々を含め誰もがわだかまりなく訪問できる追悼施設としては、神社ではなく無宗教の施設であることが適当である。上記懇談会の指摘のとおり、誰もがわだかまりなく訪問できるような追悼施設の実現に向けて議論を継続していくことは、日本の将来にとって重要であると思う。

なお、靖国神社は、外国の報道においてしばしば「war shrine」（戦争神社）と表現されている。敗戦まで国家神道が日本の軍国主義の重要な支えであったという経緯はあるが、これは神道におけるあくまで一時的な現象である。神社は、軍国主義とは無縁である。日本には数多くの神社が存在し、神道及び神社は、古くから、農耕、漁業、商工業、学問、家内安全など日本人の日常の暮らし全般に密着した日本の文化と伝統の重要な柱である。日本人の日々の生活は、神道及び神社と何らかの形で結びついている。神道の長い伝統、神道の持つ清楚さ、自然との調和は、多くの日本人はもとより、外国の人の心をも打つ。近隣諸国をも含め諸外国との友好親善や交流を積極的に進めている開かれた神社も多く存在する。このような神社の姿及び日本人と神社のかかわりを、今後とも世界に伝えていくことは重要である。

(5) 東京裁判

東京裁判は、A「平和に対する罪」、B「通例の戦争犯罪」及びC「人道に対する罪」を裁くために1946年5月3日開廷され、翌1947年11月12日、東條英機元首相を含む被告全員が有罪判決を受けた(28名が起訴され、2名は裁判中に病死し、1名は病気のため免訴となった。7名が絞首刑による死刑宣告を受け、同年12月23日に処刑された)。東京裁判においては、A「平和に対する罪」及びC「人道に対する罪」という新たな概念が導入されたため、「事後法に基づく裁判であり、違法である」との指摘をはじめ、「勝者の敗者に対する復讐に過ぎない」などの批判が今日においても提起されることがある。東京裁判についてもドイツの戦争犯罪を裁いたニュルンベルグ裁判についても、批判や問題提起の対象となり得る諸要因の存在は否定できない。ドイツの戦争責任について分析を試みたドイツの哲学者ヤスパースも、戦争直後の裁判進行中の時点ではニュルンベルグ裁判に対して積極的評価と期待を表明していたが、裁判終了後の60年代には、「同裁判は期待されていた世界の安寧のための礎になることはできなかった」などの指摘を行っている。[22]

しかしながら、あのような膨大な被害と破壊、悲しみ、怒りと憎しみをもたらした大戦争の直後の対応として、当時の当事者が、短絡的な感情にとらわれることなく、[23] このような大惨事の再発防止に向けての法的基盤を確立するための可能な限りの努力を行ったことは、その後の国際法の発展にとっての重要な礎となるものであった。２００1年9月から２００4年9月まで旧ユーゴ戦犯法廷判事を務めた多谷千香子氏は、「しかし、何と言っても、東京裁判とニュルンベルグ裁判の大きな功績は、その後の国際法の発展に寄与したことであろう。……ＩＣＴＹ（旧ユーゴ国際刑事裁判所）やＩＣＴＲ（ルワンダ国際刑事裁判所）、さらにＩＣＣ（国際刑事裁判所）も突然に設立されたのではなく、ニュルンベルグ裁判や東京裁判には問題はあったにせよ、その経験が、それらの設立を可能にした点を見逃してはならない」と指摘[24]している。戦争や人道に対する罪を裁くための努力は継続され、オランダのハーグには常設の国際刑事裁判所が設立されるに至った。

また、多谷千香子氏が、「裁判という形式をとらなければ集められなかったであろう機密文書を含む膨大な証拠、証人の証言が集められ、裁判は十分とは言えないものの、敗戦前の政治のあり方や歴史的真実を国民に示す役割を果たした」と指摘しているとおり、戦争中、国民には戦況を含め実際の状況は知らされず、不正確な誇張した情報などが伝達されたが、裁判が行われたことにより、国民は、戦前及び戦中の政治や歴史の流れ及び実際の戦争の詳細を知る機会を得ることになった。[25]

もとより、敗者として勝者により裁かれるという屈辱感、勝者による行為、特に原爆投下や都市の空襲はなぜ議論されなかったのかという不公平感、なぜ28名のみが起訴されることになったのか、[26]文民であった広田弘毅元首相に対する死刑判決という量刑は衡平であったのか、[27]等々の割り切れない気持ちが今日に至るまで依然として完全には整理されていない状況も、止むを得ないことであるのかもしれない。しかしながら、見失われてはならない点は、誰が戦争、すなわち武力を用いての争いを始めたのかという点である。武力による争いを始めるということは、相互に殺戮しあい、破壊しあう闘争を仕掛けるということであり、外交的抗争とは全く次元が異なる。もとより、国際社会における国家間の競争や争いがなくなったわけではなく、争いは、今日においても存在する。しかしながら、国際社会は、第一次世界大戦の悲惨な結果を二度と繰り返さないために「戦争は回避しなくてはならない」との固い決意の下、国際連盟を設立し、軍縮を進め、１９２８年には不戦条約を締結し（日本も当事国の一つであった）、国家間の争いを武力によってではなく外交的手段により解決する国際秩序の確立に向けて努力を継続していた。第一次世界大戦後に締結されたベルサイユ条約においては、敗戦国であるドイツに極めて過酷な賠償が規定された他、第Ⅶ章（２２７条～２３０条）の罰則に係る規定においては、ドイツ皇帝ウィルヘルム二世に対する国際倫理及び条約の不可侵性違反を審議するための特別法廷の開催や軍事法廷における戦争法規及び慣習違反に対する裁判も想定されていた。

しかしながら、日本は、このような世界の流れに逆行する形で中国を武力で侵略し、中国との戦争が泥沼化する中、更には米国、東南アジアをも武力攻撃し、太平洋戦争の火ぶたを切った。戦争を指導した人々は、世界の潮流に反する形で武力をもって生きるか死ぬかの戦い、そして悲しみと憎しみの極限に人間を追い込む戦いを自ら挑んだ以上、当然のことながら、負けた場合に日本にどのような運命が待ち受けることとなり得るかについても、考慮していなくてはならないはずであった。もとより、原爆投下や都市の無差別爆撃は、人道的にも許されるべきものではなく、我々としては将来の世界の発展のためにもこのような惨禍が二度と繰り返されることがないよう問題意識を持ちかつ主張し続けることは重要であるが、日本の主張に説得力を持たせるためには、まずは、中国を侵略し、また、太平洋戦争を自ら始めたという過去を直視し、日本自身の過去の誤りを認めることが不可欠である。ドイツの戦争犯罪を裁いたニュルンベルグ裁判においても、審議の円滑化を理由に「戦勝国も戦争犯罪を犯したではないか」との批判を行うこと（tu quoque）は、認められなかった。[28]

戦争を主導した軍部は、最早勝つ見込みもない戦争を継続し、犠牲を積み上げていった。近衛文麿は、1945年2月14日、天皇陛下に奏上した際、一日も早い戦争終結の方途を講ずべき必要性を述べ、「戦争終結に対する最大の障害は満州事変以来今日の事態にまで時局を推進し来たりし軍部内の彼の一味の存在なりと存ぜられる。彼らは既に戦争遂行の自信を失いおるも、今までの面目上、あくまで抵抗を続くるものと思われる」等奏上した。[29]一部の軍部の強硬な反対にもかかわらず、天皇陛下が同年8月15日、戦争終結の御英断を貫徹されなかったならば、日本は正に滅び去っていたかもしれない。東京裁判については、様々な角度からの検証及び議論は今後とも有意義と思われるが、当時の世界の大きな流れに逆らい「戦争を始めた」という事実は、極めて重いと言わざるを得ない。

また、忘れてはならない点は、日本政府は、1952年4月28日に発効（署名は前年9月8日）したサンフランシスコ平和条約により主権を回復し、国際社会に復帰したが、同条約第11条において、極東国際軍事裁判所（東京裁判）の裁判（judgements）を受諾している（受け入れている）ということである。[30]日本は、同条約上も、東京裁判に異論をはさむ立場にはない。

1　白表紙本においては「日本軍の南方進出がきっかけとなり、アジアからアフリカまで、ヨーロッパの植民地だった国々の独立の波はとどまることがなく」等記述されていたが、検定の結果、教科書においては「アフリカ」への言及は削除された。

2　「」内の白表紙本の文章は、検定の結果教科書においては削除された

3　文藝春秋　2001年5月「歪められた歴史教科書論争」161ページ

4　2001年9月1日に文部科学省が公表した2002年度使用中学校歴史教科書の生徒用需要数によれば、扶桑社の「新しい歴史教科書」の需要数は11校521冊、全体の0・039％に留まったことが判明した。この事実は、日本国民の多くが「新しい歴史教科書」の底流となっている歴史観を共有していないことを示すものとして、内外に一定の安堵感をもたらした（ただし、当時、設置認可申請中の私立学校一校で扶桑社教科書を使用することが内定しており、これを含めると12校601冊となった）。

5　靖国神社社務所発行やすくに大百科

6　1984年8月16日付朝日新聞

7　1982年8月15日付毎日新聞、8月16日及び8月17日付毎日新聞は、中国及び韓国における反応を報道

8　1983年8月15日付朝日新聞、1984年8月15日付朝日新聞

9　靖国神社の展示館

10　東京裁判でA「平和に対する罪」で訴追された者を指す。これに対し、日本及び日本以外の各地でB「通例の戦争犯罪」及びC「人道に対する罪」で訴追された者の裁判が行われたが、これら罪状で訴追された人達はBC級戦犯と称されている。
なお、合祀されたA級戦犯14名は、次のとおり（2006年7月21日付東京新聞）。

東條英機、板垣征四郎、土肥原賢二、松井石根、木村兵太郎、武藤章、広田弘毅（以上死刑）、小磯国昭（服役中死亡）、白鳥敏夫（同上）、梅津美次郎（同上）、東郷茂徳（同上）、松岡洋右（拘禁中死亡）、永野修身（同上）、平沼騏一郎（保釈直後死亡）

11　大原靖男：A級戦犯「合祀」の真実と「分祀論」の虚構。
小堀桂一郎、大原康男：靖国神社を考える「靖国」の伝統とA級戦犯合祀の真実　日本政策研究センター　21～23ページ

12　2005年11月2日付東京新聞

13　一例は次のとおり
2005年6月2日衆議院予算委員会における小泉総

理答弁

14　2005年6月2日衆議院予算委員会における小泉総理答弁

15　2002年4月21日の靖国参拝に際しての小泉総理の説明

16　2005年10月「靖国神社参拝に関する政府の基本的立場」より抜粋

17　2005年6月2日衆議院予算委員会質疑
岡田委員：A級戦犯については、重大な戦争犯罪を犯した人たちであるという認識はあるということですね。
小泉内閣総理大臣：裁判を受諾している。二度と我々は戦争を犯してはならない。
戦争犯罪人であるという認識をしているわけです。

18　2005年7月16日付東京新聞

19　2006年7月27日付朝日新聞

20　2005年7月22日付毎日新聞

21　2005年7月18日付東京新聞

22　Karl Jaspers「Die Schuldfrage」 1965 Piper Verlag 98～99ページ

23　チャーチル英国首相は、ナチス指導者をoutlaw（法の保護を受けない者）と宣言し、裁判を経ることなく銃殺に処すよう主張した経緯がある。
Annette Weinke: Die Nürnberger Prozesse C.H.Beck 11ページ

24　多谷千香子：「戦争犯罪と法」 岩波書店 6ページ

25　前掲多谷千香子 5ページ

26　「連合国側の都合で起訴を免れた者もいる。例えば、関東軍防疫給水部隊（731部隊）による生体解剖や細菌の感染実験については、アメリカに実験結果を引き渡す代わりに戦犯の責任を問わないこととされ」た。また、第二次、第三次の東京裁判が予定され身柄を拘束されていた約60人も、冷戦構造の深まりとともに釈放された。
前掲 多谷千香子 9ページ
「東京裁判は当初、二次、三次の裁判を予定していたため、起訴された28人の被告を含め 100人以上が戦犯容疑で逮捕されている」。「一次裁判の長期化で連合国側の熱意が失われたこともあり、他の容疑者は裁判を受けることなく釈放された」。
半藤一利、保阪正康、井上亮：「東京裁判を読む」 日本経済新聞社出版社 47ページ

27　「オランダのローリング判事は、死刑判決を受けた広田弘毅について、『軍事的な侵略を提唱した日本国内の有力な一派に賛成しなかった』として無罪を主張し、その他、終身ないし長期の禁固刑の判決を受けた重光葵、木戸幸一、東郷茂徳についても無罪の反対意見を

書いた」

28 前掲　多谷千香子　9ページ
前掲Annette Weinke 22～23ページ
「tu quoque」は、ラテン語で「お前も」。自らに対する批判を相手に対する批判で反論する議論

29 近衛上奏文「最後の御前会議／戦後欧米見聞録　近衛文麿手記集成」中公文庫　182ページ

30 サンフランシスコ平和条約第11条の「日本国は…裁判を受諾し」との規定の英文は、〝Japan accepts the judgements〟であるが、一部に、この〝judgements〟は「裁判全体」を意味するものではなく、単に「刑の宣告部分」を意味するものにすぎないとの主張がある。「裁判」という語が〝judgements〟と複数形になっていることも、このような主張の根拠とされている。そして、サンフランシスコ平和条約で日本として義務を負ったのは刑の執行のみである、日本は同義務を既に履行した、日本の侵略行為などに言及している「先の大戦にかかわる事実認識」などは受け入れる必要はないなどと指摘する。
しかし、この解釈は正しくない。東京裁判速記録（英文）においては、裁判長が「私はこれから極東国際軍事裁判所の裁判を読み上げる」（〝I will now read the judgement of the International Military Tribunal for the Far East〟）と発言した後、①裁判所の管轄権・根拠法、②先の大戦に係る事実認識並びに③各被告についての訴因ごとの「有罪・無罪の認定（verdict）」及び「刑の宣告（sentences）」を読み上げており、〝judgement〟が以上すべてのものを含むことは明らかである。

サンフランシスコ平和条約第11条で〝judgements〟と複数になっているのは、日本が東京裁判の「裁判」のみならず、日本国内外で行われたいわゆるBC級裁判所の「裁判」をも受諾したからである。

第Ⅲ章
歴史を直視することの重要性

1. 歴史の教訓を学ぶ

歴史を直視することは、何よりも日本自身の発展にとって不可欠である。過去の出来事に可能な限りあらゆる側面から率直に光を当てることによって、日本は、①過去の様々な誤りを認識し、日本自身の今後の発展に遺漏なきを期すべく努力することができる。また、②国際社会の日本に対する信頼と敬意をより強固なものとし、日本が戦後誠実に取り組んできた戦後処理及び国際社会との和解と緊密な友好協力関係構築のための努力を無為にすることなく、これを基礎にさらに発展し、国際社会における日本の地位を強化することができる。

日本の朝鮮半島の植民地支配、中国侵略、そして日本が太平洋戦争の火ぶたを切ったことにより、朝鮮半島、中国、アジア諸国をはじめ多くの国々の国民が大きな災いを被ることとなった。日本国民の被った被害と悲しみも計り知れないものであった。過去の過ちを繰り返さないためには、特に次の3つの教訓が大切である。

① 自由な民主主義的価値観の擁護。特に、暴力、威嚇及びその他圧力による思想の自由、表現の自由及び言論の自由の侵害の排除。

② 国際情勢の適切な評価。各国の状況及び政策の冷静な分析。各国の事情及び立場を把握するとともに、自国中心の独善的視点の排除。

③ 極端な議論に対する免疫力及び寛容性ある中道的感覚の育成。ナショナリズムや内向き思考を煽り、対立を強調する「強硬」、「煽動的」主張に対する抵抗力の強化。

以下、この章では、日本が陥った誤りの一部を浮かび上がらせることができるよう、明治維新から太平洋戦争、そして敗戦に至るまでの歴史の流れの一部を概観してみたい。

2. 明治維新後の日本の歩み

(1) 朝鮮半島の植民地化

日本は、1868年の明治維新後、富国強兵・文明開化を旗印に近代国家に向けての道を歩んだが、対外関係において我が国を常に悩ませたのは、「幕末以来の深刻な烈しい民族的危機感」であった。特に、「わが国に地理的に近接した朝鮮が第三国の勢力下に置かれることは、わが民族の独立に対する重大脅威を意味するものと考えられて来た。」[1]我が国は、1876年2月に朝鮮の鎖国を破る日朝修好条規[2]を締結し[3]、朝鮮との関係強化に努めたが、自らを朝鮮の宗主国とみなしている清との対立が深まっていった。朝鮮国内においては守旧派、開化派の対立、抗争が続き、1882年7月には抗日暴動に発展した政変（壬午軍乱(イムオ)）が起こった。1884年12月には日本が関与した開化派クーデター計画が失敗（甲申政変(カプシン)）したが、このような朝鮮における混沌とした状況の中で朝鮮半島における清の影響力はさらに強まり、日本の影響力は後退し、日本は危機感を高めた。1890年12月6日、山県有朋首相は、最初の帝国議会における施政方針演説において、日本にとっての朝鮮半島の重要性を指摘し、軍備増強の必要性を訴えた。[4] 海野福寿氏は、「山県は日本の領域にあたる『主権線』の守護と国家の安全に密接に関連する地域、すなわち朝鮮の『利益線』の保護を国家方針としてかかげ、『利益線』確保のための国力・軍事力増強を強調した。ここに、日清戦争は予告されたのである」[5]と指摘している。

1894年2月、朝鮮半島においては大規模な農民戦争（東学党の乱）が起こり、6月、朝鮮政府の要請により清国軍が出動した。日本も、朝鮮における清の影響力が更に強まることを懸念し、在留邦人保護を理由に出兵した。日本軍が到着したころには東学党の乱もほぼ沈静化されていたが、日本は、朝鮮駐兵の維持及び朝鮮半島に対する影響力強化の方途を模索した。当時の朝鮮半島における日本と清の鍔迫り合いの状況を外相陸奥宗光は次のとおり述べている。[6]

「明治15年（1882年）の後は日清両国がその競争の焦点を専ら朝鮮国内に集めたる姿となり、爾来朝鮮の事とさえいえば彼我互いに嫉妬の眼を以て相睨視したり。乃ち今回の事件においてもまた当初より朝鮮の内乱を機として、彼我共にその権力を該国に張り自家の功名心を満足せんとしたるは、事実においてこれを掩うべからざるなり」

日本においては、陸奥宗光が述べているとおり、「何時までもこの不定の状勢を継続する能わざるべしと思い、むしろこの際如何にもして日清の間に一衝突を促すの得策たるべきを感じたる」[7]という気持ちが高まったが、同年7月、日清両軍は衝突し、8月1日、日本は、朝鮮の「独立自主」扶助を戦争遂行の名分として清に宣戦布告を行った。[8]

日本は、日清戦争に勝利し、1895年4月に調印された下関条約により「朝鮮が完全な独立国であること」を清との間で確認した。

しかしながら、その後は、満州吏には朝鮮半島への影響力を強めつつあったロシアとの確執が高まっていった。ロシアは1891年、シベリア横断鉄道敷設に着工したが、この計画が「公にされて以来、わが国においてはロシアの将来の動向についてふかい不安、危惧の念が抱かれることになった」。[9] このような状況の中、1895年10月8日には朝鮮駐在公使三浦梧楼が首謀者となり、日本の軍隊、警察、私人が王宮に乱入し、親ロ的立場を強めていた王妃閔妃(ミンピ)を暗殺するという事件が引き起こされた。この事件を分析した角田房子氏[10]は、本事件は、「三浦梧楼の犯罪」であり、「政府が直接関係していたとは考えられない」[11]との見方を述べているが、同時に、韓国の知識層は、「暗殺隊には日本の正規軍と警察官が加わっていた」、「総指揮者は、日本国家を代表する公使」であった、「日本がやった裁判はありすぎるほど証拠があるのに、『証拠不十分』で全員が無罪」であったことから「国家権力による犯罪」[12]としか思えないとの意見を述べていることを紹介している。[13] この事件は、日本の国家を代表する朝鮮駐在公使が首謀者となり、任国朝鮮の王宮に乱入し、公然と王妃を殺害したという「およそ近代世界外交史上に例を見ない暴虐をはたらいた事件」[14]であり、その後の日韓関係の溝を深めていくこととなった。

この事件の深刻な影響は、1896年に任についた駐朝鮮日本公使原敬の外務大臣西園寺公望宛報告書においても次のとおり述べられている。[15]

「官民一般はもちろん在留外国人に至るまで排日の風潮すこぶる盛んにして、我が行為には其事の何たるを問わず、みな反対を試みるの情勢にこれあり候。これ申すまでもなく一両年来内政干渉の反動と、昨年十月八日王妃殺害事件とに原因いたし候」。

後述のとおり、１９０９年10月26日、伊藤博文がハルピン駅で韓国人安重根(アンジュングン)に殺害されるが、安重根が犯行の動機として列挙している15項目の第一に挙げられていたのは、韓国王妃の殺害であった。[16]

日本においては、満州から朝鮮半島へと南に勢力を拡大してくるロシアに対する危機意識が高まり、１９０４年2月、日本は大国ロシアと戦端を開くこととなった。当時英国はロシアの南進を危惧し[17]日本に好意的姿勢を示しており、また米国は「清国における門戸開放、機会均等を一貫して唱え」、「すでに日露戦争前から満州貿易に進出し始めており、同貿易の前途に期待をかけ出して」いたため、「ロシアの満州支配の企図に抗して戦うに至った日本に対して、強い好感を寄せることとなった」[18]。このような背景の中で、軍費調達のための外債募集という重要任務を託された高橋是清日本銀行副総裁は、ロンドンを皮切りにニューヨーク、パリ、ドイツ等において成功裏に外債募集を行うことができた。[19]

戦いは、最初は日本側の勝利の中に進展した。しかしながら、１９０５年3月の奉天の会戦以降は、日本は兵力数においても劣勢になり始めており、武器弾薬も著しく不足しだしていた。戦費の調達も困難になり始めていた。[20]このような状況の中、セオドア・ルーズベルト米国大統領の講和斡旋により、日本は１９０５年9月、この大きな国難を辛くも戦勝国として乗り越えることができた。米国ポーツマスで締結された講和条約でロシアは、「日本国が韓国において政事上、軍事上及び経済上の卓絶なる利益を有することを承認」した（第二条）。

日本は、日露戦争開戦直後、韓国との間に日韓議定書を調印し、韓国の内政、外交に介入する道を開いたが、１９０４年８月には第一次日韓協約を調印し、日本の推薦する日本人を財政顧問として、また日本の推薦する外国人を外交顧問として韓国政府に送り込むとともに、条約締結その他重要外交案件については事前に日本政府と協議することを規定した。ポーツマス条約調印後の１９０５年11月、日本は第二次日韓協約を調印し、韓国の外交権を完全に掌握した。高宗（コジョン）皇帝をはじめ韓国官憲の抵抗は大きかったが、交渉に当たった伊藤博文特派大使は、協約調印の２日前の11月15日、高宗皇帝と午後３時より７時半まで会談し、協約受け入れを強要し、[21] 17日には、武力による示威及び威嚇をもって調印を強行した。この時の状況を、韓国の歴史書は、「銃刀森列すること鉄桶の如く、内政府及び宮中、日兵亦た排立し、其の恐喝の姿勢、以て言に形し難し」[22]と述べている。同協定により、「外交に関する事項を管理するため」日本人の統監が韓国に配置されることとなり（協約第３条）、伊藤博文が初代統監に任命された。日本は、朝鮮半島に対する支配を強め、１９０７年７月、韓国内政に関する全権を掌握するため第三次日韓協約を調印した。韓国国民の日本に対する反発は韓国全土で高まり、各地で義兵闘争が繰り広げられた。１９０９年10月26日、伊藤博文はハルピン駅で日本の韓国支配に反対する韓国人安重根（アンジュングン）に銃殺された。日本は、韓国における反日行動に悩まされたが、警察及び軍隊を導入して鎮圧し、[23]

１９１０年８月22日、韓国併合条約を調印し、韓国を植民地とした。

（2）日本の満州侵略

日本は、ポーツマス条約の結果、南満州における鉄道権益をロシアから譲渡され、満州へも勢力を拡大していくこととなったが、和平を斡旋した米国をはじめ列強にとってのポーツマス条約の重要な前提は、満州における「機会均等」及び「門戸開放」の二つの原則の確保であった。[24] セオドア・ルーズベルト米国大統領は、開戦4か月後の1904年6月6日に旧知の金子堅太郎男爵を公邸の午餐に招いた際、日本の戦勝による慢心、朝鮮半島を越えての権益拡大の野心に対し警告を発しており、[25] これに対し、金子男爵は、日本の戦争はあくまで自衛のための戦争であり、日本は、米国等の権益を侵すことは考えていない旨応答した経緯があった。また、日ロ間の和平斡旋に対する日本の「懇請」に対しルーズベルトは、「日本が満州を戦後清国に還付すること、また満州に関しても門戸開放主義の原則が尊重されるべきこと」などの米国の「要求を受諾するのを待って」承諾したのであった。[26] しかしながら、その後の日本の満州における行動は、列強の日本に対する疑念や反感を強めていくこととなった。

日露戦争後のころから、日本における慢心の気配や諸外国の日本に対する警戒心の萌芽に警鐘を鳴らす日本の識者も出てきた。当時、米国イエール大学の歴史学正教授であった朝河貫一博士は、1909年、日本の将来に対する危惧を次のとおり表明している。[27]

・「日本は一つの危機を通過して他の危機に迫りたり」
・「一般の俗衆は、ただ漠然と日本を疑い、または恐れ、または憎む者にして、その理由を問わば彼は答えて言わん、日本は戦勝の余威を弄して次第に隣近を併呑(ヘイドン)し、ついには欧米の利害にも深き影響を及ぼすに至るべきがゆえなりと」

・「識者の感情を察するに」……「彼はいわん、……日本は戦前も戦後も反復天下に揚言して、その東洋政策の根本これに外ならずと称したる二大原則に、己れ自ら背きつつあるがゆえに、我はその専横を喜ばざるなり、二大原則とは清帝国の独立および領土保全ならびに列国民の機会均等これなりと」

しかしながら、新興日本は、国際社会の中で日本に対する警戒心と反発が高まっていく中、帝国主義的歩みを強めていった。岡義武教授は、「日露戦争におけるわが国の勝利は西洋諸大国の支配あるいは勢力下に永年従属して来たアジア諸民族の心に希望の光を点じたものの、しかし、結局わが国はこの戦争を機会に清韓両国の犠牲において大陸に跨る帝国建設への途に大きく踏み出すこととなった」旨指摘している[28]。

1914年に第一次世界大戦が勃発したが、4年以上にわたるこの戦争には機関銃、戦車、航空機、化学兵器などの新たな兵器が導入され、戦域も世界に広がり、これまで人類が経験したことのない被害がもたらされた。国際社会は、このような惨事を二度と繰り返してはならないとの意識をもって、国際連盟を設立し、軍縮を進め、また1928年には不戦条約を締結した。

第一次世界大戦はまた、各国における民族主義を鼓舞することともなったが、日本の大隈重信内閣は、中国における民族主義が高まりつつある中、山東半島におけるドイツの権益を含め中国における権益の確保及び拡大のため1915年に「対華21か条要求」を中国に強要し、日本に対する反感、反発を高めた。重光葵元外相は、この21か条をめぐる交渉により、「日本の信用は殆ど地に堕ちて」、日本の得たものは、「支那に対する野心の暴露による国際的対日不信用と、支那国民の潮の如き排日運動とであった。支那問題は、最早支那と日本の問題ではなく、世界の問題となってしまった。」と回想している。[29]

日本の植民地であった韓国では、1919年3月1日、独立を求める人々がソウル中心部で独立宣言を読み上げ、これを契機に独立運動が全国的に広がった（3・1独立運動）。朝鮮総督府は、警察及び軍隊をもってこの動きを鎮圧したが、総督府の対応については国内の知識人からも厳しい批判の声が提起された。[30] 吉野作造は、「対外良心の発揮」、「朝鮮統治の改革に関する最小限の要求」などの論文において、「殊に朝鮮の問題の如きは、国民がこれを鋭敏なる道徳判断の鏡に照らすに非ずんばとうてい解決の緒に就くものでは無い。畢竟（ヒッキョウ）あのような大事件も、我が国民が従来対外問題に対する良心の判断を誤ったから起こった問題ではないか」など指摘し、また「最小限の要求」として「(1)朝鮮の人に向って差別的待遇を撤廃せよという事。(2)それから武人政治を廃めよという事。(3)それから統治の方針として、同化政策を抛棄（ホウキ）して、(4)そうして言論の自由を与えよという事」を求めた。石橋湛山は、1919年5月15日号東洋経済新報の社説「朝鮮暴動に対する理解」の中で「彼等（朝鮮人）は彼等の独立自治を得る迄は断じて反抗を止めるものではない。問題の根本は是に横たわる」と指摘した。[31]

1921年11月より1922年2月までワシントンにおいて国際会議が開催され、九か国条約[32]が合意され、中国における「門戸開放」及び「機会均等」が確認された。この会議は、米国主導の下に開催されたが、日本は、ワシントン会議[33]において、国際協調を重視し、「支那に対する政策を根本的に変更し、従来の、支那を対象とする発展策から、日本を協力者とする善隣政策に」進むことをめざした。[34]米、英斡旋の下、日本は、中国との協議において第一次世界大戦後にドイツより譲渡された山東半島の権益の多くを中国に返還した。[35]しかしながら、この会議直前の1921年11月4日には原敬首相が東京駅で刺殺され、日本の国内情勢には既に暗雲が広がりつつあった。日本陸軍は、このワシントン体制を、日本の「失権会議」と非難し、ワシントン体制に対する深刻な不満が日本の各階層の間に広がっていった。[36]

日本において軍部が権勢を強めていく中、軍全体としての統制は乱れ、1928年6月4日には関東軍参謀河本大佐等の謀略により満州を支配していた張作霖（チョウサクリン）が爆殺された。事件は極秘扱いにされたが「満州某重大事件」として市民の噂にも上った。「元老西園寺公望は、田中義一首相からこの事実を聞き知ったとき、直ちに徹底した調査を行い、全貌を公表し、責任者を軍法会議にかけて厳罰に処することを要求した。……田中もこの西園寺の考えに同調し、河本大佐以下を軍法会議にかけて処断する旨を天皇にも上奏した」[37]。天皇陛下も「その責任を追及して厳重に処罰し、国際信義を繋ぎ留むべきことを首相に命じた」[38]。しかし、この田中首相の方針に対し、陸軍や小川平吉鉄道大臣等は、この事件が公表されると「日本の国際信用は地に落ち」、「日本の満州権益は根本的な脅威に直面することとなる」などを理由に強く反対した。[39]結局田中首相は、数名を行政処分にする方向に方針を変更した。[40]重光葵元外相が述べているとおり、田中首相は、「これを公に処罰せず、単に直接の責任者を予備役に編入するに止めて事件を糊塗した」[41]のであった。

この田中首相の態度の変化に、内大臣の牧野伸顕は1929年3月28日の日記の中でつぎのとおり大きな驚きを表明している。[42][43]

「事実明確になり材料備わり、所謂(イワユル)調査結了せば、軍法会議を開設して大に軍紀を糺(タダ)し、内外に対し日本陸軍の名誉を回復すべしと非常の決心を述べ、又為に一時は支那に於ても反感あらんも終には日本政府の公明正大なるを認め、感情改革の動機ともならん抔(ナド)、首相には見上げたる超越的態度、言喋〔調〕に口演せられたる事は、今尚ほ耳朶(ジダ)に残るところなるが、表面は事実不明と発表して数名の関係者を行政処分に附し、曖昧裏に本件を始末し去ると云うは驚愕の至りなり」。

1929年6月27日、田中首相は天皇陛下に政府の方針を上奏したが、天皇陛下は大きな怒りを示され、「それでは前と話が違うではないか、辞表を出してはどうか」と強い語気で述べられた。[44] 田中首相は、天皇陛下の信認を失い、内閣は7月2日総辞職した。

田中内閣の対応は、軍を益々勢いづける結果となり、日本のその後の進路に大きな禍根を残すこととなった。1929年秋に米国ウォール街に端を発した世界恐慌は、日本にも深刻な影響を与え、世相がすさむ中、1931年9月18日には関東軍の謀略により満州事変が引き起こされた。政府及び参謀本部は、不拡大方針をとったが、関東軍は既成事実を積み上げていった。当時の雰囲気について重光葵は次のとおり「軍人は既に思い上がっていた」と述べている。[45]

「奉天の森島領事は、関東軍高級参謀板垣大佐を往訪して、事件は外交的に解決し得る見込みがあるから、軍部の行動を中止するようにと交渉したところ、その席にあった花谷少佐は、激高して長剣を抜き、森島領事に対し、この上統帥権に干渉するにおいては、このままにして置かぬといって脅迫した」

日本は、1932年3月に日本の傀儡国家である満州国を成立させ、国際社会からの大きな非難に直面することとなったが、[46]孤立することをも辞せず国際連盟の脱退をもって応えた。政府及び参謀本部の不拡大方針にもかかわらず、軍部の拡張主義者は満州から北支へと中国への侵略を続けた。

1939年12月に大本営陸軍部作戦課に配属された瀬島龍三は、「満州事変、支那事変、大東亜戦争と、約十五年間の我が国の歩みは暴走に近い異例の進み方だったとも言える」、「今にして思えば、満州の外郭周辺地帯の北支、蒙疆等に対する陸軍の勢力拡張的諸工作は、『発展』の限界を超えるものであり、支那事変発生の一因をつくる結果になったともいえる」と述べているが、[47]日本軍の行動は中国の反日意識を益々高めていった。

（3）侵略の拡大

1937年7月7日に盧溝橋事件が発生した。参謀本部は不拡大、現地解決の方針であったが戦火は広がり、日本軍は同年12月13日に首都南京を攻略した。南京においては多数の非戦闘員を含む中国人を殺害し、暴行、略奪行為などを行い、「南京大虐殺」（Massacre of Nanking）などと国際的に大きな非難を浴びた。この南京事件について、当時外務省の東亜局長であった石射猪太郎は次のように述べている。

「南京に復帰した福井領事からの電信報告、続いて上海総領事からの書面報告がわれわれを慨嘆させた。南京入城の日本軍の中国人に対する掠奪、強姦、放火、虐殺の情報である。憲兵はいても少数で、取り締まりの用をなさない。制止を試みたがために、福井領事の身辺が危ないとさえ報ぜられた。1938年1月6日の日記にいう。

上海からの来信、南京におけるわが軍の暴状を詳報し来る。掠奪、強姦、目も当てられぬ惨状とある。嗚呼これが皇軍か。日本国民民心の廃頽であろう。大きな社会問題だ。」[48]

戦火は中国全土に拡大したが、日本軍は、中国の能力を過小評価し、長期的展望を欠いた戦略、軍内部における統率の乱れ、補給面を無視した作戦計画の下、戦闘を続けた。中国は、日本の侵略に徹底的に抗戦し[49]、戦争は泥沼化していった。作家の石川達三は、1938年1月の南京及び上海での従軍の見聞を踏まえ、同年の中央公論3月号に「生きている兵隊」を発表した。日本軍兵士の中国人に対する残虐行為とともに日本軍兵士の肉体的、精神的極限状態にも触れているこの作品は、「かなり自由な創作を試みた」「小説」として発表されたが[50]、当時の中国に派遣された日本軍の実情を反映していたものと考えられる。この作品は、直ちに発売禁止となった。また、日本軍は、蔣介石(ショウカイセキ)の中国国民党政府が逃れた重慶に対し、1939年より1941年の間空爆を実施した。

国内においては軍部が実権を握るようになるが、軍部内にも対立があり、統率は乱れた。満州事変当時の日本の政策決定過程を分析した緒方貞子氏は、当時の政治権力構造を、「軍部対文官の対立ということで説明出来るような単純なものではなかった。むしろ、それは左官級ならびに尉官級陸軍将校が対外発展と国内改革とを断行するため、既存の軍指導層および政党ならびに政府の指導者に対し挑戦したという、三つ巴の権力争いとして特色づけられるものである」と指摘している。[51]

重光葵は、特に第一次世界大戦以降の「金権の跋扈（バッコ）」、農村の極度の疲弊、デモクラシー政治の指導的責任を果たし得なかった「派閥政治」、「日本人の慢心」、「軍人の憤懣」及び「国賊を誅戮（チュウリク）するに何の躊躇することがあろうか、という思想が、次第に反動的で狭量なる軍の上下に充満するようになって来た」こと、「盲目的反動的国粋運動」が、「自由主義的中道論者を圧迫して、政治的訓練なき国民を指導するに至ったこと」などを当時の日本社会の状況として分析している。[52]このような社会的情勢の中で、「軍部が実権を収めるためには、統帥権の独立も国粋論も高調せられ、天皇機関説の排撃もなされ、天皇側近の迫害も行われた。クーデターも企画され、遂には暗殺も行われ、叛乱も起った。これはもとより相互に意識的に関連したものとは云えぬが、何れも軍部独裁の実現を直接間接に目的としたもので、実際これらの手段の連続によってその目的は達せられたのである」[53]と軍部が権力を掌握した過程を分析している。同時に、多くの国民の状況については、「日本は封建鎖国の時代より、外界勢力の圧迫によって開国進取の時代に入ったのであり、これと共に、思想自由の制度によってあわただしく取り入れた個人自由の主義は、十分鍛錬せられる機会がなかった。かくて、資本主義社会の荒波に捲き込まれた日本国民が、国民各個の堅実なる判断を基礎とする強い世論の力を背景として行動すべき、『デモクラシー』的訓練を積む充分な時間を有たなかったのは是非もないことであった。世論は、ただただ、強硬論に喝采し、穏健論を排斥するようになり、自然に動乱の禍因を作っていった。」[54]と指摘している。

(4) 民主主義の崩壊

1925年に治安維持法が制定され、1928年の改正により「国体変革」を目的とする行為等については死刑が最高刑に定められた。同法の下に、国民の思想や表現の自由に対する締め付け、弾圧が強化された。自らの生命を賭さない限り、軍部の一部が主導した拡張主義的政策に反対することはできない体制が強化されていった。ナチス・ドイツと同様、全体主義的体制の下、自由及び基本的人権は蹂躙された。

軍部によるクーデター計画も発覚し、テロも横行した。1930年11月14日には浜口雄幸首相が銃撃された。1932年2月9日には井上準之助蔵相、3月5日には三井財閥の団琢磨が銃殺された（血盟団事件）。同年5月15日には犬養毅首相が暗殺された。ハーバート大学のエズラ・ヴォーゲル教授は、「暗殺は、1921年の原首相殺害以降、日本の政界では珍しいことではなくなった。暗殺者への対処もほぼ共通である。犯人を公判にかけ、被告側弁護士が彼らの『純真』な国粋主義的理想を称え、同情を集める機会を作る。犯人は通常は有罪を宣告されるが、しばらく経つと減刑され、やがて釈放されるのだ。原首相の暗殺者も釈放され、後には満州で陸軍司令部に配属されている」[55]等述べているが、横行した暴力やテロにより、民主主義の息吹は抹殺された。[56]

作家永井荷風は、日記「断腸亭日乗」の中で、危険を顧みず、当時の「軍部政府」の下の国民の状況、困難等を記しているが、1941年6月15日には、「日支今回の戦争は、日本軍の張作霖（チョウサクリン）暗殺及び満州侵略に始まる。日本軍は暴支膺懲と称して支那の領土を侵略し始めしが、長期戦争に窮し果て俄に名目を変じて聖戦と称する無意味の語を用い出したり。欧州戦乱以後英軍振るはざるに乗じ、日本政府は独伊の旗下に随従し南洋進出を企図するに至れるなり。しかれども、これは無智の軍人ら及猛悪なる壮士らの企るところにして一般人民のよろこぶところに非らず。国民一般の政府の命令に服従して南京米を喰ひて不平を言わざるは恐怖の結果なり。麻布聯隊叛乱の状を見て恐怖せし結果なり」[57]など、1936年の2・26事件の日本社会に与えた動揺に言及している。[58]

作家高見順は1945年8月10日の日記の中で、ソ連の参戦が発表されたにもかかわらず、電車の中でも、プラットホームでも人々は平静であり誰も戦争の話をしていないことについて、次のとおり述べている。

「人に聞かれる心配のない家のなかでは、大いに話し合っているのだろう。私たちが第一そうだ。外では話をしない。下手なことをうっかり喋って検挙されたりしたら大変だ。その顧慮から黙っている。全く恐怖政治だ」

同年8月14日の日記ではビアホールの状況について次のとおり述べている。

「日本の運命について語っているものはない。さような言葉は聞かれなかった。そういう私たちも、たとえ酔ってもそういう言葉を慎んでいる。まことに徹底した恐怖政治だ。警察政治、憲兵政治が実によく徹底している。東條首相時代の憲兵政治からこうなったのだ。」[59]

思想面でも、忠君愛国の指導が徹底されるとともに、日本人の特殊性、優秀性が喧伝され、他国民を軽んじる教育が行われた。文部省思想局編纂の1937年3月30日付「国体の本義」は、神話を引用しつつ天皇を神格化し、天皇に「忠孝の美徳を発揮する」ことが天皇を中心とする「一大家族国家」である日本の「国体の精華」である等述べ、日本及び日本「臣民」は特別な存在であることを強調して全体主義体制の引き締めを行った。また、文部省教学局が1941年3月31日に刊行した「臣民の道」は、「支那事変は、これを世界史的に見れば、我が国による道義的世界建設の途上に於ける一段階である」など述べつつ「我が国の如く崇高なる世界的使命をになっている国はない」、「かかる国体を有する国は、世界いづくにも見出すことが出来ぬ。我が国にして始めて道義的世界建設の使命を果たし得るのであり、我が国こそまさしく世界の光明である」、「我が国こそ、世界人類の幸福安寧に対し崇高なる使命を果たし得るのである」、「国民は、我が国こそが万邦に優れたる神国なりとの自覚に奮い立ち」等々、「粉骨砕身、臣民の道を実践」することを求めるとともに国民に対して選民思想を植え付けようとする内容であった。[60]

(5) 太平洋戦争から破局へ

日中戦争の展望が開けない中、日本は、欧州におけるナチス・ドイツの戦果に乗じ、1940年9月23日に北部仏印進駐を開始した。同年9月27日にはドイツとイタリアとの三国同盟を締結し、また、翌1941年7月28日に南部仏印進駐を開始した。天皇陛下はドイツとの同盟に反対[61]であり、ドイツやイタリアとの連携に反対する意見は軍部にも存在した。他方、松岡洋右外相や白鳥敏夫を中核とする外務省革新派など外務省の中にもナチス・ドイツを信奉する勢力が存在した[62]。大本営陸軍作戦課に配属されていた瀬島龍三は、太平洋戦争にいたる背景について日本が自ら対米国策の選択の幅を狭めていったこと、最終的に「和」か「戦」かの二者択一になった主な要因として、①1940年7月27日の「世界情勢の推移に伴う時局処理要綱」による二元的国策方針の決定（「支那事変処理」に加えて「好機南方問題処理」が加わる）、②1940年9月27日の日独伊三国同盟の締結、③1941年7月28日の南部仏印進駐、④米国の日本に対する硬直的態度……を指摘している[63]。また、時局処理要綱において「二元的国策」になった「最大の要因は、欧州戦局に対する判断の甘さ、すなわち、ドイツの国力・戦力を過大評価し、英国と米国の戦争遂行能力を過小評価したことにあったと思われる」[64]旨、また、日独伊三国同盟締結についても、「三国の同盟が世界全体にどのような変局をもたらし、我が国の立場がどのようになるかについて、考えに慎重を欠いたと思わざるを得ない」旨指摘している[65]。作戦面に関しては、「およそ一国の運命を左右する戦争を決意する際、少なくとも用兵作戦の成算の見通し、国際情勢、国力など総力戦的見地に立った戦争指導の成算の見通し、の二つは不可分の要件である。今次大東亜戦争に当たっては、残念ながら、いずれも不備、不十分であった」[66]と指摘している。戦争を肯定するものではないが、このような冷静な分析の欠如一つをとってみても当時の日本の国内の課題が浮き彫りになる。

日独伊三国同盟締結及び日本軍の南部仏印進駐により、すでに悪化していた日米関係は危機的状況に陥った。日本は、1941年に入り、米国との関係調整のための協議及び交渉を続けたが、政府及び軍部内の強硬姿勢が貫かれ成果を見なかった。中国との戦争は、展望の見えない状況にあったが、中国侵略を進めてきた軍部強硬派としては、これまで強いてきた多大な日本側の犠牲に照らしてもはや政策変更は行い得ない状況に追い込まれていた。冷静な判断は封じられ、強硬論が日本を勝算のない戦争へと駆り立てた。12月8日、日本はマレー半島及びハワイの真珠湾を奇襲攻撃し、[67]太平洋戦争の引き金を引いた。

日本は、「国策を誤り、戦争への道を歩んで国民を存亡の危機に陥れ、植民地支配と侵略によって多くの国々、とりわけアジア諸国の人々に対して多くの損害と苦痛を与え」[68]た。日本は、国策の誤りのためにまさに国家として滅亡の瀬戸際にまで追い込まれた。軍部は、戦況が著しく悪化する中、戦争を続け、犠牲を積み上げていった。多くの尊い命が犠牲となった。日本の都市は爆撃を受け廃墟と化した。「4月1日からはじまった沖縄攻防戦の実相は、当然のことながら民草のほとんど知るところではなかった」[69]。1945年4月27日、情報局総裁下村宏はラジオを通して国民に「1億総特攻あってこそ神州は不滅であり、大東亜戦争の完遂期して待つべきものあるのである」との「大演説をぶった」[70]。広島と長崎は、原爆の惨禍に見舞われた。軍部は、徹底抗戦を意図していた。1941年の真珠湾攻撃時の日本の首相であった東條英機は、日本がポツダム宣言受諾を連合国側に通知した後の1945年8月13日、自らの手記において、「戦いは、常に最後の一瞬に於て決定するの常則は不変なるに不拘　其の最後の一瞬に於て尚ほ帝国として持てる力を十二分に発揮することをなさず敵の宣伝政略の前に屈し此の結末を見るに至る」等々日本の降伏に反対の姿勢を示し、また「もろくも敵の脅威に脅え簡単に手を挙ぐるに至るがごとき国政指導者及国民の無気魂なりとは夢想だもせざりし処之れに基礎を置きて戦争指導に当りたる不明は開戦当時の責任者として深くその責を感ずる」[71]等述べ、降伏決定を行った人々及び日本国民を批判している。このような独善的かつ現実感覚の欠如した記述には、当時日本が既に滅亡の瀬戸際にあったという状況に対する認識はなく、またそもそも自らが犯した誤りがこのような破局をもたらしたという意識や反省の念も感じられない。[72]

実際軍部においては、1億玉砕をも辞さず本土決戦を行うべきであるとの声は根強く存在した。1945年8月9日夜11時の御前会議で天皇陛下の御英断により国体護持を条件としてポツダム宣言の受諾が決定され（その旨10日朝、連合国側に打電）、連合国側の回答が13日の朝到達した後も、軍部の一部においては本土決戦を主張する声は絶えなかった。8月14日に天皇陛下は全大臣、枢密院議長、陸海軍の総長をお召しになり、改めて「ここで戦争をやめる外は日本を維持するの道はない」旨を指摘され、8月15日正午に「終戦の御詔勅」が国民に発表されることが確認された。[73]一部の軍人の抵抗はその後も続けられたが、天皇陛下がポツダム宣言を受諾し戦争を終えるとの御英断を貫徹されなかったならば、日本は、今日においては存在していなかったかもしれない。

日本は、一歩一歩破滅への道を進んでいった。当時の日本の政治、社会体制の中でこのような流れにブレーキをかけ、軌道修正を行う動きは生まれなかった。日本は、同じ過ちを繰り返してはならず、そのためにはなぜ日本は戦争への道を歩んでしまったのかということを、冷静に分析することが必要である。[74]

3. 日本の戦後処理と戦後日本の国際貢献

(1) アジアをはじめとする国際社会との和解

戦後の日本にとって、アジア諸国をはじめとする各国との和解及び友好関係の構築は、安全保障の確保[75]と共に最も重要な外交課題であり、日本は、先の大戦に係わる賠償並に財産及び請求権の問題についてサンフランシスコ平和条約及び二国間の平和条約及びその他関連する条約等によって誠実に対応した。

1951年9月8日、日本を含む49か国がサンフランシスコ平和条約に署名した（翌1952年4月28日に発効。日本は独立を再び回復）。同条約第14条(a)1は、9か国[76]が日本と賠償交渉を行うことができる旨規定した。この9か国のうち、日本は1956年にフィリピン、1960年にベトナムと賠償協定を締結した。この2か国を除く他の国々は賠償請求権を放棄した。また、サンフランシスコ平和条約の締約国とはならなかったビルマ及びインドネシアとそれぞれ1955年及び1958年に賠償協定を締結した。

更に、賠償協定は締結しなかったものの、1959年にラオス及びカンボジア、1962年タイ、1968年マレーシア及びシンガポール、1969年にミクロネシアと経済協力に関する協定を締結した。なお、経済協力協定は、賠償協定を締結した国々とも合意されている。[77]

韓国に対しては、日本と交戦状態にはなかったので賠償は支払われなかったが、1965年の日韓関係正常化の際に３億ドルの無償援助及び２億ドルの有償援助が合意された。

これらの賠償や経済協力は、ほとんど50年代及び60年代に合意された。これら賠償や経済協力は、日本の外貨の制約のため「お金」という形ではなく「モノと役務」の形で供与されたが、約束した賠償と賠償に代わる経済協力は、円換算で約９５９０億円（当時の為替レートで約27億ドル）に達し、当時の日本の経済力や外貨準備高を考えれば極めて大きなものであった。[78]

中華人民共和国との関係においては、１９７２年９月29日の日中共同声明において関係を正常化した際に、我が国は「過去において日本国が戦争を通じて中国国民に重大な損害を与えたことについての責任を痛感し、深く反省する」旨述べ、中国側は、「戦争賠償の請求を放棄することを宣言」した。

賠償並びに戦後処理の一環としてなされた経済協力及び支払い等

●賠償

サンフランシスコ平和条約第14条(a)に基づくもの

フィリピン（賠償協定：１９５６年７月発効）　５億５、０００万ドル（１、９８０億円）

ベトナム（賠償協定：１９６０年１月発効）　３、９００万ドル（１４０億４、０００万円）

個別の平和条約に基づくもの

ビルマ（賠償・経済協力協定：１９５５年４月発効）　２億ドル（７２０億円）

インドネシア（賠償協定：１９５８年４月発効）　２億２、３０８万ドル（８０３億８８０万円）

●戦後処理の一環として締結された経済技術協力協定等に基づく経済協力等

賠償請求権を放棄した国に対して行われた経済協力

ラオス（経済技術協力協定：1959年1月発効）277万7、777ドル（10億円）

カンボジア（経済技術協力協定：1959年7月発効）416万6、666ドル（15億円）

マレーシア（マレーシアとの協定：1968年5月発効）816万6、675ドル（29億4、000万円）

シンガポール（シンガポールとの協定：同上）816万6、675ドル（29億4、000万円）

分離地域に対する経済協力等

韓国（請求権・経済協力協定：1965年12月発効）3億ドル（1、080億円）

ミクロネシア（米国とのミクロネシア協定：1969年7月発効）500万ドル（18億円）

その他各国に対する経済協力等

タイ（特別円問題解決協定：1955年8月発効）1、500万ドル（54億円）

（特別円問題解決協定のある規定に代わる協定：1962年5月発効）

フランス（インドシナ銀行名義諸勘定の解決に関する議定書：1957年3月発効）2、666万6、666ドル（96億円）

インドネシア（旧清算勘定その他の諸勘定の残高請求権処理に関する議定書：1958年4月発

効）　１億７、６９１万３、９５８ドル（６３７億円）

ビルマ（経済技術協力協定：１９６３年10月発効）　１億４、０００万ドル（５０４億円）

モンゴル（経済協力協定：１９７７年８月発効）　１、３８８万８、８８８ドル（50億円）

●戦後処理の一環として締結された経済開発借款取極等に基づく借款

ビルマ（賠償・経済協力協定：１９５５年４月発効）　５、０００万ドル（１８０億円）

（経済開発借款取極：１９６３年10月発効）　３、０００万ドル（１０８億円）

フィリピン（経済開発借款取極：１９５６年７月発効）　２億５、０００万ドル（９００億円）

インドネシア（経済開発借款取極：１９５８年４月発効）　４億ドル（１、４４０億円）

ベトナム（借款協定：１９６０年１月発効）　７５０万ドル（27億円）

（経済開発借款取極：１９６０年１月発効）　９１０万ドル（33億円）

韓国（請求権・経済協力協定：１９６５年12月発効）　２億ドル（７２０億円）

（外務省資料「賠償並びに戦後処理の一環としてなされた経済協力及び支払い等」より抜粋。
一部数字については四捨五入した）

（２）日本の外交努力

日本は、賠償及び請求権に関する問題について誠実に対応した。日本は国際社会に復帰し、目覚ましい経済発展を遂げることとなるが、二度と軍事大国にはならないとの基本政策の下、国際社会の平和と安定のための努力を積極的に継続した。

外務省資料[79]に基づく日本の国際貢献の一例は次のとおりである。

・国連安全保障理事会の非常任理事国をこれまで11回務め、2018年～2020年の国連予算については2018年9・68％、2019年及び2020年については8・564％を負担（ピーク時には20％を負担）。

・2014年（ODA60周年）までに190か国・地域に対し、総額3、342億ドル（支出純額ベース）のODAを実施。総計約13万6千名の専門家及び約4万7千名のボランティアを海外に派遣。約54万名の研修事業を実施。

・1992年の国際平和協力法制定以来、計27のミッションなどに延べ約1万2、500人の要員を派遣。カンボジア、モザンビーク、東ティモール、ゴラン高原等における国連の平和維持活動に参加。

また、歴史認識については、終戦50周年の節目であった1995年8月15日、村山総理により日本政府の談話が発表された。その中で村山総理は、既に述べたとおり、我が国が「遠くない過去の一時期、国策を誤り、戦争への道を歩んで国民を存亡の危機に陥れ、植民地支配と侵略によって多くの国々、とりわけアジア諸国の人々に対して多大の損害と苦痛」を与えた旨述べつつ「痛切な反省の意」と「心からのお詫びの気持ち」を表明した。

日本政府は、過去の問題に真摯に対応し、国際社会との友好協力関係を構築し、歴史認識も明確に表明してきた。日本の戦後歩んできた道は、国際社会からも高く評価されている。にもかかわらず、日本政府は、国際社会より「歴史を直視していない」、「過去を清算できていない」などの指摘を受けることがある。その理由は、冒頭述べたとおり、日本には、過去の歴史を美化し、先の大戦についても「日本は誤りを犯していない、戦争は必然であった」などの立場を積極的に表明する声が現に存在し、そのような声が国内において一定の影響力を保ち、またその影響力を高めるための努力を継続しているにもかかわらず、政府が明確に反論することなく曖昧な姿勢を維持していると思われているからである[80][81]。そのため、国際社会においては、過去の問題に対する日本の姿勢に対して疑念が払拭されない状況が続くことになる。多くの日本人の真摯な気持ちも、中国や韓国の人々の心に十分に届かなくなる。

個人のレベルにおいて歴史認識について見解の相違が存在することはやむを得ない面もあり得るが、政府の場合には、従来から表明してきている政府としての歴史認識を一貫して明確に堅持すること、また政府の歴史認識について国民の理解が深まるよう常に努力することが重要である。日本の指導的立場にある人の発言や姿勢も大きな重みを持つことは避けられない。日本政府の姿勢、日本の指導的立場にある人々の姿勢が曖昧であると、近隣諸国を含め国際社会の日本に対する信頼が揺らぎ、不安や疑念が高まることとなる。

4. 国際社会における名誉ある地位の確保

国際社会は、これまで多くの困難に遭遇し、これらを克服しつつ発展を続けており、世界各国とも国際の平和及び安定の重要さを認識しているが、これまでの歴史が示しているとおり、人間は完璧な存在ではなく、国際社会の安寧が将来に向けて保証されているわけではない。国際社会には依然として領土をめぐる対立、民族的、宗教的対立や緊張、国際的なテロ、大量破壊兵器の拡散の危険、限りあるエネルギーや資源の問題、世界的な食料や水の問題、地球温暖化をはじめとする環境問題、国境を越えて猛威を振るう感染症、世界的な貧富の格差、深刻化する難民問題など、多くの不安定要因や危険が存在する。

国際社会は、主権国家の集合体であり、このような様々な課題を内包する国際社会において自らの国益を追求していくためには、自らの安全を確保するとともに各国と相互に切磋琢磨し、利害が対立するときにはそれぞれの国家がおかれている状況を可能な限り適格に把握し、協力の可能性を模索し、相互にとって利益となる（win-win）解決を追求していくことが必要となる。更に、国際社会の責任ある一員として長期的観点から国際社会全体の利益のために努力及び協力していくことも、持続的な国際社会の安定にとって不可欠である。国際社会において自らの安全を確保し、国益を追求し、また国際社会の発展に積極的な貢献を果たしていくために各国とも自らの影響力を可能な限り高めることができるよう、国力[82]の増強に努めている。

今日の国際社会においても軍事的な抑止力は不可欠であるが、同時にハーバート大学のジョゼフ・ナイ教授の指摘する軍事力以外の「力」、すなわちソフトパワーの重要性が大きく高まっている。同教授は、著作「ソフトパワー」において、ソフトパワーとは、強制やお金の支払いによってではなく、魅力によって欲しいものを手に入れる能力である旨指摘する[83]と共に、他人の心と気持ちを捉えることは従来から重要であったが、今日その重要性は一層高まっている[84]、政府の政策は、ソフトパワーを強化することも損なうこともでき、偽善的、尊大、他人の意見に無関心とみられるような、又は、国益のための偏狭なアプローチに基づく国内又は外交政策は、ソフトパワーを損ない得る[85]旨指摘している[86]。

ナイ教授は、日本はアジアで最も多くの潜在的ソフトパワー資源を有している旨述べ、日本の科学技術力、産業力、経済協力の実績、伝統芸術、ポップ・カルチャー、食文化などを例示している[87]。他方、日本は過去の侵略を整理しきれておらず、中国や韓国に依然存在する対日不信が日本のソフトパワーの制約となっている、日本はアジア諸国の完全な称賛は得ていない、また、日本の文化はアメリカに比べて内向きであるなど指摘しつつ、内向きさと１９３０年代の歴史に率直に対応しようとしない姿勢が日本の様々の資源のソフトパワーへの転換を制限していると述べている[88]。

日本は、国際社会より「過去を克服できない国」と見られ、自らの貴重なソフトパワー資源を損なうようなことは避けなくてはならない。国際社会は愚かではなく、一方的な自己中心的理屈によって説得されることはない。現在の国際社会においても、各国間の競争はあらゆる分野において熾烈である。

日本が国際社会より、「日本は過去の誤りを直視できる国である」との評価を確立することができれば、日本に対する国際社会の信頼も敬意も一層高まり、日本は国際社会における立ち位置を大きく強化することとなる。

また、国際社会の平和と安定にとっての大きな危険の一つは、「内向き思考」である。偏狭なナショナリズム、独善的姿勢、排他主義、他国の蔑視などは、世界の安定のみならず自らの発展を損なうこととなる。歴史の教訓を生かし、寛容性と開かれた心を維持することができれば、日本の魅力はさらに高まる。過去の歴史を美化又は自らの誤りを糊塗しようとする姿勢は、国際社会の不信を呼び、日本を一層内向き思考に追い込むこととなる。

前述した「新しい歴史教科書誕生!!」の中において「つくる会」責任者は、日本語の優秀性に言及しつつ、「日本人が英語を満足にしゃべれないのは、英語教育が悪いからだといわれるけれど、それは日本語が持っている有能さということと関係しているからであって、英語ができないから駄目だと思うのは大間違い。アジアでも植民地になった国はみんな英語がうまいですよ。それは当たり前で、フィリピンでもシンガポールでも英語が上達しなければ世界の情報に接することができないからです」、「英語をやる前にまず日本語をしっかりと勉強しなければいけない。昔の漢文教育を復活させるべきだと思います」などと述べている[89]。このような、自国を高く評価し、他国を蔑視するような内向きの考え方は、日本の将来にとっての大きなリスクを内包している。自らの言葉を勉強しなくてはならないのは言うまでもないことであるが、今日の国際社会においては、好むと好まざるとにかかわらず英語は事実上「世界語」としての役割を果たしており、海外と接点がある人は、英語を理解することが必要不可欠である。外国語を勉強することにより、その国の文化や歴史にも直接触れることができ、世界に対する知識と視野を大きく広げることができる。人的ネットワークも広がり、世界の人々からのインスピレーションを一層効果的に吸収することができる。日本の若い世代においては、日本の国際社会における競争力を高める上でも、また個人として豊かな人生を切り開いていく上でも、英語はもとより更に最低一つの外国語の習得を志していくことが強く期待される。

日本は、上記のとおり戦後処理の問題に誠実に対応するとともに国際社会の平和と発展のために積極的な外交努力を続けてきており、国際社会からも高い評価を得ている。ＢＢＣ（英国放送）国際サービスは、２０１７年7月、世界の16か国[90]及びＥＵ（欧州連合）について世界に「主として良い影響を与えている」と考えるか、又は「主として悪い影響を与えている」と考えるかとの国際世論調査[91]の結果を発表した。同調査において日本は、カナダ、ドイツに続き第三番目に肯定的評価を受けている（「良い影響」が56％、「悪い影響」24％）。国際社会においては日本の経済力、科学技術力に対する評価は高く、また、伝統文化のみならずポップ・カルチャーも高い人気を博している。近年は、寿司や日本酒をはじめ日本食も世界的に大きなブームとなっている。多くの日本人が学術、芸術、スポーツ、ファッションなど幅広い分野で国際的に活躍しており、日本の存在感及び日本に対する親近感を高めている。日本を訪問する観光客も年々増加しており、日本と外国との相互理解も高まっている。世界における日本の知名度、好感度及び存在感の高まりは、日本にとって極めて大切なことである。

日本は、戦後、多くの人々の努力により国際社会の中で名誉ある地位を築いてきた。過去の誤りを美化又は糊塗しようとする国は、他の国からの信頼と信用を得ることができなくなる。歴史を直視する姿勢は、日本に対する信用と信頼を一層高めていくこととなる。

5. 戦没者に対する敬意

1995年8月15日の日本政府の談話（村山総理談話）は、「わが国は、遠くない過去の一時期、国策を誤り、戦争への道を歩んで国民を存亡の危機に陥れ、植民地支配と侵略によって多くの国々、とりわけアジア諸国の人々に対して多大の損害と苦痛を与えました。……この歴史のもたらした内外のすべての犠牲者に深い哀悼の念を捧げます」と述べている。

また、「わが国は、深い反省に立ち、独善的なナショナリズムを排し、責任ある国際社会の一員として国際協調を促進し、それを通じて、平和の理念と民主主義とを押し広めていかなければなりません。同時に、わが国は、唯一の被爆国としての体験を踏まえて、核兵器の究極の廃絶を目指し、核不拡散体制の強化など、国際的な軍縮を積極的に推進していくことが肝要であります。これこそ、過去に対する償いとなり、犠牲となられた方々の御霊を鎮めるゆえんとなると、私は信じております」と述べている。

日本の国策の誤りにより、「国民は存亡の危機に陥」ることとなった。多くの人々が国を思い、家族を思い犠牲となった。

インドネシアに在勤していた時にパプア州ビアク島を何回か訪問する機会があった。ビアク島の海は、南国の空の下、エメラルド色に澄んでおり、熱帯雨林の緑も豊かで美しい。このビアク島においても、多くの日本人が戦争の犠牲となった。日本兵がたてこもった薄暗い西洞窟も何回か訪れたが、この洞窟の中で、多くの日本兵が想像もできないような艱難辛苦を経験した。パプア州及び西パプア州では約5万3、000名が犠牲となった。補給はなく、ジャングルの中を移動する過程で、多くの兵士がマラリアや栄養失調で亡くなった。[92] NPO法人太平洋戦史館の方々が、遺骨帰還事業に精力的に取り組んでこられているが、まだ約2万柱の遺骨が残されている。

ガダルカナルにおいては1万人以上の撤退作戦が成功したが、[93] ガダルカナル戦は、アメリカの戦死1、598人に対して日本側は戦死8、200人及び戦病死者1万1、000人であり、戦病死した者のほとんどは補給不足にもとづく体力の消耗からくる栄養失調、下痢、熱帯性マラリアによるものであった。[94] インパール作戦の被害は、ガダルカナルの約4倍以上に達し、その惨状もガダルカナルをしのぐものがあった。[95] 中部太平洋のメレヨン島の戦いでは、「総人数3、404名中70・6%が戦没したが、戦死者はわずか132名で、戦没者総数2、403名の5・5%にすぎなかった。あとは、戦病死で、その戦病死のうち栄養失調による死亡は74・4%にものぼっている」と指摘されている。[96]

2016年1月、天皇皇后両陛下（現上皇上皇后両陛下）はフィリピンを訪れ、「比島戦没者の碑」で黙とうを捧げ、戦没者が眠る「無名戦士の墓」においても深く頭を垂れられた。フィリピンでは、日本側の犠牲者は51万8、000人、米軍兵士は1万6、000人、巻き添えになったり無差別に殺されたりしたフィリピンの犠牲者は111万人と言われている。[97]

航空機による特攻で命を落とした若者は3、940名と推定されている。[98][99][100]最前線の陸軍特攻基地となった鹿児島県知覧の特攻平和会館には、多くの日記や遺書が展示されている。知覧に集結した特攻隊員の多くは17歳から20代前半の若者たちであった。知覧の特攻平和観音堂には他の基地から飛び立った若者を含め1、036名の隊員の名が刻まれている。[101] 11名は朝鮮半島出身者であった。[102]

半藤一利氏は、次のとおり述べている。

「祖国の明日のためには、これ以外に道はないと、決然と死地に赴いた若き特攻隊員が美しく、哀れであればあるほど、それを唯一の戦法と採用した軍の思想は永久に許すことはできない。神風特攻も回天特攻も志願によった、とされている。志願せざるを得ない状況にしておいて志願させるのでは、形式に過ぎないのである。そこには指導者の責任の自覚もモラルのかけらもない。おのれの無能と狼狽と不安とを誤魔化すための、大いなる堕落があるだけである」[103]

地上戦が行われた沖縄では県民も動員された。その中には男子中等学校上級生1、685人、女子中等学校上級生約600人が含まれていた。[104]激しい戦闘で軍人及び市民合わせて20万人以上の日本人が戦死した。鉄血勤皇隊やひめゆり部隊の若い命も犠牲となった。[105]

東京をはじめ多くの都市が空襲を受け、広島と長崎には原爆が落とされた。人道的にも人類がこれまで経験したことのない惨禍であった。

当時の人々の国を思う気持ちや勇気には心からの敬意を払わざるを得ない。しかしながら、なぜこのような悲惨な戦争を戦っているのかについての疑問や心残りの気持ちを持ちつつ命を捧げた人々も多くおられたと思う。当時情報は軍及び政府により統制され、国民には正しい情報は伝達されなかった。自由な意見は暴力やテロで弾圧され、命令には従わざるを得なかった。

先の大戦について、日本は「正当に戦って、みんな死んでいった」[106]という整理では、歴史の教訓から何も学ぶことができなくなる。1945年8月17日に成立した東久邇宮内閣の「1億総ざんげ」の呼びかけも、歴史の教訓を曖昧にすることとなる。日本は、戦争で尊い命を捧げられた人々のためにも、なぜ日本は戦争への道を歩んでしまったのか、なぜ民主主義を守れず独裁的な全体主義をもたらしてしまったのかなどの問題に正面から向き合うことが必要である。

天皇皇后両陛下（現上皇上皇后両陛下）は、1994年、小笠原を訪れ、硫黄島において厳しい戦闘の果てに玉砕した人々をしのばれ、1995年の終戦50年には東京、広島、長崎、沖縄の慰霊の施設を巡拝し、戦没者をしのび、尽きることのない悲しみと共に過ごしてきた遺族に思いを致された。2005年には、サイパン島を訪問され、亡くなった5万5、000人（内1万2、000人は子供を含む一般の人々）の日本人を追悼し、また、3、500人近くの米軍犠牲者、900人を超える島民犠牲者に思いを致された。[107] 戦後70年の2015年にはパラオをご訪問され、2016年には上述のとおりフィリピンをご訪問された。

天皇陛下（現上皇陛下）は、1995年12月18日に国立劇場で行われた戦後50年を記念する集いにおいて「戦時、戦後の日々を顧みるとき、今日の平和と繁栄をもたらす礎となった多くの人々をしのび、この平和を意義あるものとしていかしていくことの大切さを改めて思うものであります」[108]と、先の大戦で犠牲となった人々が今日の日本の平和と繁栄の礎となった旨言及され、２００５年６月27日のお言葉においては「私どもが皆、今日の我が国が、このような多くの人々の犠牲の上に築かれていることを、これからも常に心して歩んでいきたいものと思います」と述べられた[109]。

戦後70年の２０１５年12月19日の記者会見においては、「日本は昭和の初めから、昭和20年の終戦までほとんど平和な時がありませんでした。この過去の歴史をその後の時代とともに正しく理解しようと努めることは日本自身にとって、また日本が世界の人々と交わっていく上にも極めて大切なことと思います。」、「今後とも多くの人々の努力により過去の事実についての知識が正しく継承され、将来に生かされることを願っています」[110]と述べられている。

我々が今日、自由と民主主義及び平和と国際協調をかけがえのない価値観として育んでいくことができるのは、多くの先人の尊い犠牲があったからである。日本が歴史の教訓を学び、今後とも自由な民主主義国家として発展し、国際社会の一員としての名誉ある地位を強化することができれば、国を思い、家族を思い、艱難辛苦に耐え、尊い命を捧げられた多くの方々に対して、我々としての敬意及び感謝の気持を多少なりとも示すことになり得るのではないかと思う。

２００４年６月６日のノルマンディ上陸作戦60周年式典において、ドイツのシュレーダー首相は次のように述べ、戦争で亡くなった大勢のドイツの兵士に敬意と感謝の意を表明している。

「我々ドイツ人は、誰が戦争という罪を犯したかを知っている。我々は歴史における我々の責任を知っており、これを真剣に受け止めている。何千という連合国の兵士がたった一日のうちに残酷にも亡くなった。彼らは自由のために最も高い代価を払った。ドイツ人の兵士は、欧州抑圧のための戦いに送り出されて死んだ。しかし、いずれの側に属していたにせよ、死においてはすべての兵士が結ばれていた。すなわち、彼らの両親、妻、兄弟、友人の悲しみという絆で結ばれていた。全ての人の痛みの前に我々は頭を垂れる。……

亡くなった（ドイツ人の）兵士に対して、我々は、記憶と心からの敬意を持ち続ける。我々は彼らの死が無駄でなかったことを知っている。我々は、自由と平和の下に生活している。そのことに我々は彼らに感謝する。我々は、彼らの犠牲を決して忘れないことを今後とも約束する」

１９４５年５月11日に22歳で戦死した上原良司陸軍大尉は特攻で出撃する前日、次のように述べている。

「栄光ある祖国日本の……陸軍特別攻撃隊員に選ばれ、身の光栄これに過ぐるものなきを痛感」している旨述べるとともに、「自由の勝利は明白な事だと思います。……権力主義全体主義の国家は一時的に隆盛であろうとも、必ずや最後に敗れる事は明白な事実です。我々はその真理を、今次世界大戦の枢軸国家において見る事が出来ると思います……世界どこにおいても肩で風を切って歩く日本人、これが私の夢見た理想でした。……一器械である吾人は何も言う権利もありませんが、ただ願わくば愛する日本を偉大ならしめられん事を、国民の方々にお願いするのみです」[III]。

6.（補）インドネシアの独立戦争に参加した日本の兵士達

日本が開始した戦争は、多くの人々の命を奪い多くの人々に多大の損害と苦痛を与えることとなったが、戦争を生き延びた日本人の中にも、戦争終了後、波乱の人生を送ることを余儀なくされた人達が各地に多数存在した。日本の敗戦時には６８３万人[112]の日本人が中国、韓国、東南アジアなどの日本以外の「大東亜共栄圏」に存在し、インドネシアにも24万人[113]が存在した。インドネシアに駐留していた日本の軍人及び軍属等の民間人は、敗戦後日本に引き揚げたが、中には帰る場所がない者、インドネシアを離れても将来の人生に不安を抱える者なども多く存在した。インドネシアに残留した日本兵及び日本人は、独立戦争をインドネシア人と共に戦い、様々な困難を乗り越え、日本とインドネシアの懸け橋として尽力し、その子弟達の中には、今日においても日インドネシアの友好協力関係の発展のために貢献している人たちが存在する。私は、２０１１年から２０１４年までインドネシアに在勤したので、インドネシアの状況について簡単に触れることとしたい。

真珠湾攻撃前の１９４１年11月20日に大本営政府連絡会議において決定された「南方占領地行政実施要領」は、占領の３大目標の一つとして「重要国防資源の急速獲得」をあげていたが[114]、日本は、１９４２年１月、ボルネオのタラカン島に上陸、豊富な石油資源確保を目的にオランダの植民地であったインドネシア侵攻を開始した。２月には陸軍落下傘部隊がスマトラのパレンバン油田を急襲確保し、同月下旬にジャワ攻略戦が開始され、３月８日、オランダ軍は降伏した。[115] 日本は、インドネシアに軍政を布き、約３年半にわたりインドネシアを支配した。最初のジャワ軍政司令官の今村均陸軍中将は、多くの人々からその人格の誠実さが評価されたが、[116] １９４２年11月の今村中将の転勤後、戦局も次第に悪化していく中、日本軍政による支配は、労務者の強制徴用[117]や日本化の強要、[118] 米の強制供出[119]など、過酷さを増していった。日本は、日本の軍事力を補うため、インドネシアの青年に軍事訓練を行った。[120] また、インドネシアにおいても、慰安婦として女性が集められ、第Ⅴ章で触れるように、アジア女性基金の事業がインドネシア及びオランダに対しても実施された。

インドネシアでは、スカルノやハッタなど民族主義者がオランダ植民地時代から独立に向けて活動や闘争を行っていた。日本は、対外的には「アジアの植民地からの解放」を謳っていたが、内々はインドネシアに独立を認めることは考えておらず、１９４３年５月31日の御前会議において決定された「大東亜政略指導大綱」は、その第六項（イ）において「『マライ』『スマトラ』『ジャワ』『ボルネオ』『セレベス』は帝国領土と決定し、重要資源の供給源として極力之が開発ならびに民心の把握に努む」と定めていた。[121] 東條英機が１９４３年11月に東京で開催した大東亜会議においても、スカルノは呼ばれなかった。

しかしながら、インドネシアにおいてはスカルノやハッタなどの独立運動は勢いを増し、また１９４４年に至り特に７月にサイパンが陥落するなど戦局が大きく悪化すると、日本にとってはインドネシア人心の離反を防ぐ必要性が高まり、小磯国昭総理は同年９月７日、「帝国ハ東『インド』民族永遠ノ福祉ヲ確保スル為メ、将来其ノ独立ヲ認メントスルモノナルコトヲ茲ニ声明スルモノデアリマス」などインドネシアの独立を認める旨の声明を発表した。しかし、独立の時期を含め独立に向けての具体的道筋については、言及されなかった。

その後も、日本は独立容認の時期については方針を示さなかったが、1945年7月26日にはポツダム宣言が出され、戦争が最終的段階に入っていく中、寺内南方総軍司令官は8月11日、スカルノ及びハッタを司令部の存在した南部仏印（現在のベトナム）の避暑地ダラットに招致し、8月中にインドネシア独立委員会の設置、9月中に独立発表との即時独立の意向を伝達した。[122]

しかしながら日本は、インドネシアに対する約束を果たすことなく1945年8月15日、ポツダム宣言を受諾し連合国に降伏した。軍政は、日本降伏の見通しが確実となった時点で、「終戦の時点で軍政を凍結し、現状（スタトス・クオ）を維持したままこれを連合軍に引き渡す」との基本原則を打ち立てた。独立問題に関しては、「一面で無条件降伏をした敗戦国として背負うべき国際的義務を果たさなければならない」との考慮と、「他面ではその日その時まで同志として生死を共にしてきたインドネシア人に対する独立容認の約束を果たすべき責任を考える必要」があり、苦慮した結果、「独立問題には今後は一切関与しない」ことが決定された。[123]当時軍政に参加していた斉藤鎮男は、「ここで関与しないということは、これまでのように積極的には独立実現を推進したり協力したりしないことで、裏からいえば、軍以外のものがやることは妨害しない含みを持っていたことは言うまでもない」旨述べているが、この斉藤氏の説明には違和感を禁じ得ない。斉藤氏の言葉を額面通りに受け取ったとしても、これが外部において十分に理解されることは困難であったと考えられ、現に「この含みのある方針」の地方出先での解釈は「まちまち」となり、[124]その後日本軍とインドネシア人との間の戦闘を含め様々な混乱を生むこととなった。

インドネシアにおいては、日本敗戦の情報の広がりとともに独立に向けての動きが一挙に強まった。流血を避けるために日本と協力しつつ独立を宣言すべきであるとするスカルノ及びハッタの陣営と日本の意向にかかわりなく直ちに武装決起すべきであると主張する過激派青年グループとが対立する中、8月16日早朝、スカルノ及びハッタが過激派青年グループに拉致されるという事態となった。[125]緊迫した状況下、軍政当局（陸軍）との連絡調整のためジャカルタに駐在していた海軍の前田精少将は、スカルノ及びハッタが拉致されている義勇軍部隊に武官府顧問のスパルジョを派遣した。夕刻現地に到着したスパルジョは、日本が降伏したこと（インドネシア側には正式には未だ伝えられていなかった）、ジャカルタで明朝には独立宣言ができるよう責任を負うこと、準備をする場所として前田武官は自らの官邸を使うことを認めたことなどを伝えた。[126]義勇軍部隊とのとりあえずの妥協が成立し、スカルノとハッタは同日夜、ジャカルタに戻り、前田邸で独立委員会の開催及び独立宣言準備が行われることとなった。

スカルノとハッタはまた、日本軍との対立回避のためにも軍政当局による独立宣言の承認を強く希望し、両者は、前田武官に伴われて同日夜10時過ぎに軍政当局の西村部長と会談した。しかし、西村部長は、「降伏した以上日本としては独立を支援することはできなく」なったこと、本日連合軍より「降伏条件実施の命令を受けたので、今後は現状（スタトス・クオ）を維持しなければならず、行動の自由を失った」ことを繰り返さざるを得ない状況であった。[127] 後味の悪い会談後、スカルノ及びハッタは前田邸に戻り独立宣言準備に取りかかり、17日の朝7時ごろには全準備が完了した。宣言案は、大広間で待機していた独立準備委員会の委員や青年代表により了承され、午前10時、スカルノ邸で公表された。インドシアは、約350年にわたるインドネシアの植民地支配、約3年半にわたる日本の軍政からの独立を宣言した。[128]

しかしながら、これまでの宗主国であったオランダは、インドネシアの独立を認めず、インドネシアは、約4年半にわたりオランダと独立戦争を戦うこととなった。独立戦争を戦うため、インドネシア側は、各地に存在した日本軍兵器のインドネシア側への引き渡しを求めたが、日本軍の兵器はそのまま連合国に引き渡されることとなっており、インドネシア人への供与は禁止されていたため、日本軍は、インドネシア側の要求と連合国側の命令の板挟みとなり、日本軍とインドネシア軍との悲惨な衝突も発生した。ジャワ島スマランにおいては1945年10月、日本軍の保有する武器の引き渡しをめぐってインドネシア独立派と日本軍の間に武力衝突が発生し、多数の日本人とインドネシア人が犠牲となった。他方、インドネシアによる武器の掠奪を事実上黙認した日本部隊も多く存在し、日本軍からインドネシア独立派に相当量の武器が横流しされた。[129]

インドネシア独立戦争は、1949年8月から11月まで開催されたハーグ円卓会議の結果同年12月に終了した。独立戦争には、様々な理由からインドネシアに残留し、残りの人生をインドネシア人とともにインドネシア独立のために戦うことを決意した多くの元日本兵も参加した。[130] インドネシア政府は、インドネシアの独立のために戦った日本人兵士に対する感謝と評価の証として、彼らを英雄墓地に安置している。私は、２０１３年10月、宮原永治氏の葬儀に参列したが、宮原氏はインドネシア軍によりジャカルタの英雄墓地（カリバタ墓地）に丁重に埋葬された。

しかしながら、残留した日本人の多くは、言葉の制約、手に職を持つ者が少なかったなどの事情によりインドネシア独立後も様々な困難に直面した。日本からは「脱走兵」とみなされ、インドネシアにおいてもまだ国籍を持たず、法的に不安定な状況に置かれている者もいた。[131] 残留日本人相互間の連携もなく、孤独死する者も出た。このような背景の中、１９７９年に１０７人の発起人によりインドネシアに残った日本人の互助組織として「福祉友の会」（Yayasan Warga Persahabatan）が結成され、[132] 残留日本人相互間の連携が少しずつ進められていった。残留日本人は、多くの困難を乗り越え、インドネシア社会に溶け込んでいったが、彼らの設立した福祉友の会は、現在では三世までをも含め活動を続けている。今日では、現地パナソニック社のヘル・サントス氏など残留日本人の二世や三世が日本とインドネシアの間の重要な懸け橋として両国の友好協力関係の強化に積極的に尽力[133]している。[134]

1　岡義武：明治政治史（下）　岩波文庫　９～10ページ

2　国名については、１８９７年までは「朝鮮」、１８９７年（朝鮮との呼称が改められ大韓帝国が設立された）以降は「韓国」との国名を使用することとした。

3　日朝修好条規締結の経緯については以下を参照願いたい。
鹿島守之助：日本外交史３　近隣諸国及び領土問題　鹿島研究所出版会　９～22ページ

4　山県総理大臣の施政方針関連部分は次のとおり。
「國家獨立自營の道に二途あり、第一に主權線を守護することと、第二には利益線を保護することである、其の主権線とは國の疆域(キョウイキ)を謂ひ、利益線とは其の主権線の安危に、密着の關係ある區域を申したのである、凡(オヨソ)國として主権線、及利益線を保たぬ國は御座りませぬ、方今(ホウコン)列國の間に介立して一國の獨立を維持するには、獨主権線を守禦(シュギョ)するのみにては、決して十分とは申されませぬ、必ず亦(マタ)利益線を保護致さなくてはならぬこと、存じます、今果して吾々が申す所の主権線のみに止らずして、其の利益線を保つて一國の獨立の完全をなさんとするには、固より一朝一夕の話のみで之をなし得べきことで御座りませぬ、必ずや寸を積み尺を累子て、漸次に國力を養ひ其の成蹟を觀ることを力めなければならぬことと存じます、即豫算に掲けたるやうに、巨大の金額を割いて、陸海軍の經費に充つるも、亦此の趣意に外ならぬことと存じます、寔(マコト)に是は止むを得ざる必要の經費である以上演べまする所の數箇の要點は、假令(タトヒ)小異はあるとも、其の大体に就きましては、諸君に於て必ず協同一致せられんことは、本官は信じて疑ひませぬ、大凡是等の事に就きまして、今申述べまする様に成るべくは速に拂盡さねばならぬ共同義務である、然らば此の重大の義務を盡さんが爲には、我々境遇に伴ふ所の一箇の利益を犠牲に供して、公平無私に相倶(アイトモ)に胸襟を押開いて、腹蔵なく相談し相議するに於ては、互に其の意見を一致することに於て、決して難きことはないことと存じまする、本官は幸に諸君の了察あらんことを望みます」

データベース「世界と日本」（代表田中明彦）
日本政治・国際関係データベース
政策研究大学院大学・東京大学東洋文化研究所

5　海野福寿：韓国併合　岩波新書　70ページ
6　陸奥宗光：新訂　蹇蹇録　岩波文庫　60ページ
7　前掲陸奥宗光　73ページ
8　前掲海野福寿　88～94ページ
9　前掲岡義武　12ページ
10　角田房子：閔妃暗殺　新潮文庫
11　前掲角田房子　４３０ページ
12　前掲角田房子　４２８～４２９ページ
13　日本政府は、軍人８人を軍法会議に、48人を広島地裁の予審に付した。翌１８９６年1月14日、軍法会議は日本軍の行動を無罪とし、広島地裁も20日、三浦以下全員を免訴とした。
海野福寿：韓国併合　岩波新書　１０２ページ
14　前掲角田房子　４５７ページ　大江志乃夫氏の解説
15　前掲角田房子　４４２～４４３ページ
16　前掲角田房子　４２９ページ
17　１８９４年７月に日英通商航海条約が調印され、英国は治外法権制度撤廃に同意した。岡義武は、「西洋諸国中でイギリスが率先してわが国の条約改正の要求に譲歩したのは、主としては極東における自国とロシアとの帝国主義的対立の中で日本との関係を改善することを有利と判断したのによる、と思われる」旨指摘している。

前掲岡義武43ページ。

また英国は、1902年、日本と日英同盟を締結した。

18　前掲岡義武　209ページ

19　日露戦争に際しての外債募集の状況については、高橋是清が自伝の中で詳細に記している。
高橋是清：高橋是清自伝（下）　中公文庫　186～300ページ

20　前掲岡義武　212、219ページ

21　伊藤特派大使は、協約案について「断シテ動カス能ハサル帝国政府ノ確定議」であること等を強調しつつ次のとおり最後通牒的に合意を迫った。
「今日ノ要ハ唯タ陛下ノ御決心如何ニ存ス之ヲ御承諾アルトモ又或ハ御拒ミアルトモ御勝手タリト雖モ若シ御拒ミ相成ランカ帝国政府ハ已ニ決心スル所アリ其結果ハ果シテ那辺ニ達スヘキカ蓋シ貴国ノ地位ハ此条約ヲ締結スルヨリ以上ノ困難ナル境遇ニ座シ一層不利益ナル結果ヲ覚悟セラレサルヘカラス」
外務省編：日本外交文書第38巻第1冊　498ページ

22　韓国の「大韓季年史」。前掲海野福寿　160ページ

23　日本の対韓政策を批判してきた英国人ベセルは、1907年9月18日付の「大韓毎日申報」に、日本軍が義兵鎮圧に「文明の方式によらず、残忍野蛮の挙措」をとったと報ずるなど、蛮行を暴露し、激しく非難する記事を掲載。
前掲海野福寿　194ページ

24　ポーツマス条約第3条及び第4条
なお、第4条は、日本とロシアが「清国が満州の商工業を発展せしめるが為、列国に共通する一般の措置を採るに方（アタ）り、之を阻礙（ソガイ）せざることを互に約す。」と規定しているが、これは、門戸開放主義をやや異なった形式で表明したものであった。
鹿島守之助：日本外交史　7　日露戦争　鹿島研究所出版会　8ページ、478ページ

25　ルーズベルト大統領は金子男爵に対し、
「予ノミナラス米人一般ハ日本ニ対シテ満幅ノ同情ヲ有ス然レトモ一国ニシテ戦捷（センショウ）相踵（アイツ）クトキハ往々之ニ酔ヒテ不知不識（シラスシラス）常軌ヲ逸スルノ虞アリ日本ハ此際特ニ題脳ヲ冷静ニシ其ノ曩（サキ）ニ声明セル所以上ノ要求ヲ為ササル方然ルヘシ」等忠言するとともに、ドイツなど欧州諸国において日本の行動や思惑に対する疑念が生じ

つつあることに言及し、「韓国ハ全然日本ノ利益圏内ニ在ルヘシ」と述べつつも、「平和回復後……（満州）ニ日本軍ノ駐屯スルハ西洋諸国ノ反抗ヲ招クニ至ラン」旨指摘した。
外務省編纂：日本外交文書　第37巻第38巻別冊　日露戦争V　日本国際連合協会発行　708〜710ページ
26　前掲岡義武　222〜223ページ
27　朝河貫一：「日本の禍機」　講談社学術文庫　12〜16ページ
28　前掲岡義武　252〜253ページ
29　重光葵：昭和の動乱　上　中公文庫　32ページ
30　吉野作造（松尾尊兊編）：中国・朝鮮論　東洋文庫161　平凡社　140ページ、191ページ
31　高崎宗司：妄言の原形　木犀社　75ページ
32　日本、米国、英国、フランス、イタリア、中華民国、オランダ、ベルギー、ポルトガル
33　ワシントン会議ではその他、フィリピンに関する四か国条約（米、英、仏、日）及び主力艦に関する海軍軍縮条約（米、英、日、仏、伊）が締結された。四か国条約の締結に伴い、日英同盟条約は破棄された。
34　前掲重光葵　36ページ
35　岡義武：転換期の大正　岩波文庫　275〜276ページ
36　緒方貞子：「満州事変」　岩波現代文庫　18ページ
37　中村隆英：昭和史　I、東洋経済新報社　89ページ
38　前掲重光葵　43ページ
39　前掲中村隆英　89ページ、北岡伸一：日本の近代　5、政党から軍部へ、中公文庫92ページ
40　田中首相の方針変更の背景については、前掲中村隆英88〜90ページ、前掲北岡伸一92〜96ページに説明されている。
41　前掲重光葵　43ページ
42　前掲北岡伸一　94ページ
43　牧野伸顕日記　中央公論社　350〜351ページ
44　昭和天皇独白録　文春文庫　26〜27ページ
45　前掲重光葵　63〜64ページ
46　（日本は、1922年の9か国条約や1928年の不戦条約両条約に参加しながら）「1931年から中国への露骨な侵略を開始した」。「中国への日本の侵略行為が国際社会のきびしい非難にさらされた背景には、戦争、平和、侵略などに関する人類の価値観がはっきり転換したという重大な変化があった。」
猪木正道：「軍国日本の興亡」　中公新書　265ページ

47　瀬島龍三：「幾山河」　産経新聞社　235～236ページ

48　石射猪太郎：「外交官の一生」　中公文庫　332ページ

当時、ジーメンス社代表として南京に居住していたドイツ人のヨーン・ラーベは、日本軍による捕虜の処刑、非戦闘員の虐殺、女性に対する暴行、家屋の掠奪、放火、日本軍の統率の乱れなどについて日記に記している。

49　Erwin Wickert: John Rabe, Der gute Deutsche von Nanking, DVA

「辛亥革命（1911年）以来、営々として西欧列強の羈絆から脱しようと、国家の統一と近代化に努力してきた中国国民にとって、すでに満州国が奪われ、今やさらに本土の枢要の地が侵されようとしている。このような日本の動きに対し、中国国民が必死になって抵抗するのは当然であった。」

50　大杉一雄：「日中十五年戦争史」　中公新書　163ページ

石川達三：生きている兵隊、中公文庫　「半藤一利解説に代えて」　201ページ、205ページ

51　前掲緒方貞子　1ページ

52　前掲重光葵　15～23ページ

53　前掲重光葵　46ページ

54　前掲重光葵　23ページ

55　エズラ・F・ヴォーゲル：「日中関係史」　日本経済新聞出版社　308ページ

56　2006年1月20日付読売新聞は、「検証・戦争責任」特集においてテロリズムに焦点を当てて報じており、その中でつぎのとおり指摘している。

「先の大戦までの昭和は、テロリズムとクーデターの歴史でもあった。「暗殺政治」と形容されるこの時期、軍部はテロの恐怖をテコに政治の中枢を揺さぶり、政権や政策の方向を変えていった。テロリズムの罪科は極めて大きい。」

57　永井荷風：「断腸亭日乗（下）」　岩波文庫　143ページ

58　2・26事件の首謀者の内17名は、裁判にかけられ銃殺された。前掲ヴォーゲル　326ページ

59　高見順：敗戦日記　中公文庫　291ページ、307ページ

60　「国体の本義」及び「臣民の道」については次の図書に批判的に解説されている。

若槻泰男：「日本の戦争責任（下）」　小学館ライブラリー　68ページ

61　前掲昭和天皇独白録　59～66ページ

62 日独伊三国同盟をめぐる国内の攻防については半藤一利氏が詳細に分析している。
半藤一利：「ドキュメント太平洋戦争への道」　200～242ページ　PHP文庫
また、永井荷風は1940年9月28日の日記の中で次のとおり記している。
「自ら辞を低くし腰を屈して侵畧不仁の国と盟約をなす。国家の恥辱これより大なるはなし。」
前掲永井荷風101ページ

63 前掲瀬島龍三　123～124ページ、131ページ

64 前掲瀬島龍三　114ページ

65 前掲瀬島龍三　122ページ

66 前掲瀬島龍三　239ページ

67 日本政府の対米通告は、真珠湾攻撃（日本時間8日午前3時20分、ワシントン時間7日午後1時20分）後のワシントン時間7日午後2時過ぎに国務省に届けられた。
井口武夫尚美学園大学名誉教授は、様々な資料を詳細に分析し、対米通告が遅れた背景の解明を試みている。
井口武夫：開戦神話　中公文庫
また、同文献においては、仮に日本の対米通告が真珠湾攻撃の前に行われたとしても、単に交渉打ち切りの意図を表明しているに過ぎない日本の対米通告（「今後日米間で交渉を継続しても妥結に至る見通しはないと認めざるを得ない」との趣旨）が国際法上の「宣戦布告」の要件を満たしているかについて多くの疑義が提起されている旨紹介されている。176～178ページ
なお、日本のマレー半島コタバル上陸は、真珠湾攻撃約2時間前の日本時間12月8日午前1時30分に行われたが、日本政府による英国に対しての通告は行われなかった。

68 1995年8月15日の村山総理の談話

69 半藤一利　「B面昭和史1926→1945」　平凡社ライブラリー　546～547ページ

70 同上

71 前掲「『東京裁判』を読む」　404～405ページ

72 「東京裁判』を読む」の筆者は、「南方戦線で玉砕し、特攻で散った兵士たち、空襲や食糧不足に耐えてきた人々ーこれら国民を『無気魂』とののしる。このような指導者をいただいて戦争が始められたとは、国民こそ夢想だにしていなかったことだろう。」と指摘している。前掲「『東京裁判』を読む」　394ページ

73 終戦に至る状況の記述は、「正論」において紹介された鈴木貫太郎内閣の迫水久恒書記官長の手記「終戦の真相」による。

74　平成15年9月号「正論」44～67ページ
２００５年の終戦60周年前後には、各紙報道において過去の戦争を思い起こす特集が行われ、当時の状況について関係者の話を含め、様々な情報が提供された。
一例は次のとおりである。
読売新聞：検証：戦争責任
日本経済新聞：いま語り継ぐ
毎日新聞：あの日を今に問う
東京新聞：記憶　戦後60年

75　安全保障に関する吉田内閣の選択は日米安保体制であった。日米安保条約は、サンフランシスコ平和条約と同じ日の１９５１年9月8日に署名され、サンフランシスコ平和条約と同日に発効した。サンフランシスコ体制と日米安保体制が、戦後日本の安定と繁栄の基礎となった。

76　条約上は、「日本国軍隊によって占領され、かつ、日本国によって損害を与えられた連合国」と規定されている。該当する国は、フィリピン、ベトナム、ラオス、カンボジア、インドネシア、オーストラリア、オランダ、英国及び米国であった。

77　インドネシアはサンフランシスコ平和条約に署名したが、批准しなかった。

78　例えば、フィリピンに対する賠償は、１９５６年に締結した協定に基づき5億5、０００万ドル供与されたが、この額は１９５６年当時の日本の外貨準備高の５８・５%、年間国家予算の１８・２%に相当するものであった。
また日本は、サンフランシスコ平和条約第14条(a)２により終戦時点では２３６億８、１００万ドルと見積もられた在外資産を放棄し、関係諸国による処分に任せた。その他、同条約第16条に従い、赤十字国際委員会に捕虜に対する償いとして英貨換算４５０万ポンド（約45億4、１０８万円）を支払った。同委員会が各国に分配し、国内の配分方法は、各国の裁量に任された。

（賠償等に関する記述は外務省歴史問題Q／Aによる）。

その他、サンフランシスコ平和条約締結前に日本の産業施設の30%を4か国（中華民国、フィリピン、オランダ、イギリス）に賠償支払いの前渡しとして引き渡すことが決定され、１９５０年5月までに４３、９１９台の機械設備が撤去された（１９３９年価格で1億６、５１６万円相当）。これは、中間賠償と言われた（永野慎一郎、近藤正臣編：「日本の戦後賠償」勁草書房　1ページ）。

79　「年表で見る日本の国際貢献」（平成28年6月）、「平和国家としての60年の歩み（ファクトシート）」（平成17

年7月）、２０１９年外交青書他

80 以下は一例であるが、政府関係者による政府の歴史認識と異なる発言、中国、韓国等の心情を刺激するような発言はこれまでしばしば行われている。
藤尾正行文部大臣の記者会見（１９８６年8月15日）
「私は、（A級戦犯を裁いた）東京裁判を正当なものとは認めていない。誰も（戦犯）とは決めていない。」
（１９８６年8月15日付朝日新聞夕刊）
奥野誠亮国土庁長官の衆議院土地問題特別委員会における答弁（１９８８年4月25日）
「かつてはアジア全体が白色人種の植民地になっていた。幸い、あの大東亜戦争の結果、今は完全に独立国になって、良い時代を迎えている、と私は思っている」
永野茂人法務大臣の毎日新聞とのインタビューにおける発言
「日本でいう大東亜戦争（太平洋戦争）というものが、侵略を目的にやったのか。日本がつぶされそうだったから生きるために立ち上がったのであり、かつ植民地を解放する、大東亜共栄圏を確立するということを、まじめに考えた」
「私は南京事件というのは、あれ、でっち上げだと思う」
１９９４年5月5日付毎日新聞

81 村山総理談話の発表と同日の１９９５年8月15日、１９９３年8月10日の細川総理の就任記者会見における発言（「第二次世界大戦は侵略戦争であり、間違った戦争であったと認識している」（１９９３年8月11日付日本経済新聞他））に反発し、自民党の歴史・検討委員会が「大東亜戦争の総括」と題する図書を発行（展転社）した。ここに含まれている有識者の議論は、細川総理の発言を「自虐的な歴史観」と批判するなど、政府とは異なる歴史認識を代表している。歴史・検討委員会には１０５名の国会議員（衆議院76名、参議院29名）が参加していた。

82 国際政治に関する基本的著作の一つはハンス・モーゲンソー教授の「国家間の政治―力及び平和を追求するための戦い」（初版１９４８年）である。本書は、現実主義的政治学の代表的見解として版を重ねているが、その重要なポイントは、「国際政治は基本的には国内政治と同様、力（power）を獲得するための闘争である」との指摘である（31ページ）。ここで「力」とは、物理的力や心理的影響力など、人が他の人を支配する上で必要なあらゆる要素を含み得る（11ページ）。今日の国際社会においてもモーゲンソー教授の指摘するとおり、「力」の役割が重要であることには変わりはない。

Hans J. Morgenthau Revised by Kenneth W. Thompson:「Politics Among Nations The Struggle for Power and Peace」本稿で引用したのはSixth Edition 1985, McGraw-Hill Inc

83 Joseph S. Nye, Jr.:「Softpower The means of success in the world of politics」Public Affaires, 2004, xページ

84 前掲Joseph S. Nye Jr. 1ページ

85 前掲Joseph S. Nye Jr. 14ページ

86 ナイ教授は、同時に信用（credibility）は、ソフトパワーの本質的な源泉であり、一方的な宣伝（propaganda）は、信用を損ない得る、国家の名声（reputation）は、かつてよりもはるかに重要となっており、政治闘争は、信用の形成及び破壊をめぐって行われ、国際政治は、より高い信用を得るための競争の場となっているなどの諸点を述べつつ、自国の魅力的なイメージを作るためには、長期的観点に立って他国の政府のみならず市民や非政府組織に働きかけるパブリック・ディプロマシーが重要である旨指摘している（１０７~１１０ページの記述の一部を適宜要約）。

87 前掲Joseph S. Nye Jr. 85~86ページ

88 前掲Joseph S. Nye Jr. 86~88ページ

89 新しい歴史教科書をつくる会:「新しい歴史教科書誕生!!」PHP ２２４~２２５ページ

90 調査の対象となったのは、順位順に、カナダ、ドイツ、日本、フランス、英国、ＥＵ、中国、ブラジル、韓国、インド、南アフリカ、米国、ロシア、イスラエル、パキスタン、北朝鮮及びイラン。

91 この調査が最初に発表されたのは２００６年。毎年行われているわけではないが、日本は常に上位に位置している。２００６年の調査対象国は8か国及びＥＵであったが、日本は最も肯定的評価を得ていた。

92 厚生省:「引揚げと援護30年の歩み」３４４ページ

93 前掲瀬島龍三 １８６ページ

94 児島襄:「太平洋戦争（上）」中公新書 ３２９ページ

95 児島襄:「太平洋戦争（下）」中公新書 １７２ページ

96 若槻泰男:「日本の戦争責任（上）」小学館ライブラリー 63ページ

97 ２０１６年1月30日付朝日新聞

98 吉田裕:「日本の軍隊」岩波新書 ２２１ページ

99 ２００６年1月27日付読売新聞「検証・戦争責任」は、海軍（戦艦大和など海上特攻を含む）及び陸軍の「特攻」による全体の戦死者数は９、５６４名、大半は20歳前後の若者であった旨報じている。

100 志願した者のみが特攻隊に配属されることとなっていたが、実際には志願しないことが困難であったことがうかがえる。
—上官に志願を申し入れた。希望せねばひきょう者の烙印を押されてしまう時代であった
—皆命は惜しい。一方的に死の宣告を受けて冷静でいるのは不可能だ
—本心から搭乗を望んだ若者はいなかったはず
2005年5月30日付日本経済新聞「いま語り継ぐ。①特攻『桜花隊』」
101 高岡修編:新編知覧特別攻撃隊 11ページ、20ページ
102 前掲吉田裕 223ページ
103 前掲半藤一利 524〜525ページ
104 前掲児島襄 312ページ
105 前掲児島襄 327〜329ページ
106 前掲「新しい歴史教科書誕生!!」 253ページ
107 2005年6月27日、サイパンご訪問ご出発に当たっての天皇陛下のお言葉(宮内庁ホームページ)による
108 宮内庁ホームページ
109 同上
110 宮内庁ホームページ
111 日本戦没学生記念会編:「きけ わだつみのこえ」岩波文庫 17〜19ページ
112 後藤乾一:日本のインドネシア占領を考える 128ページ rikkyo.ac.jp
113 同上
114 芳賀美智雄:「インドネシアにおける日本軍政の実態」46ページ
http://www.nids.mod.go.jp/event/proceedings/forum/pdf/2007/forum_j2007_06.pdf
115 斉藤鎮男:私の軍政記 ジャワ軍政記刊行会 34〜37ページ
116 斉藤鎮男は次のとおり述べている。
「初期軍政においては、稀に見る識見と軍令軍政両面の経験を持つ今村軍司令官の統率によって対立を見ることなく、ジャワ軍政は南方諸地域における占領地の中でも特異な性格を有った軍政を展開した。その姿勢は、思想的には人道的であり、国際政治的には国際法の遵守であり、民族対策としては風俗習慣宗教の尊重、民族運動の容認であった」
上記斉藤鎮男 52〜53ページ
117 インドネシア側の見積もりでは、400万にのぼるともいわれている。前掲芳賀美智雄 58ページ
118 例えば、「皇紀」や日本時間を使用することを義務づけるとともに、「日の丸」を国旗と定め、学校などにおいて「君が代」を国歌として歌わせ、「宮城遥拝」、

朝礼や軍事教練などが行われた。上記芳賀美智雄　58～60ページ

119 上記芳賀美智雄　58ページ

120 日本は日本軍だけでは手薄だということで、東南アジア各地でいわゆる現地軍あるいはさまざまな形での準軍事組織をつくるが、例えばインドネシアのジャワ島でも3万5千人の青年を郷土防衛義勇軍として訓練した。そこでは彼らにこの軍隊はインドネシアという祖国を守るための軍隊なのだというナショナリズムを注入し、徹底的な軍事訓練、それから日本精神の注入を図っていく。そうしてこの軍隊（ペタ）が、後の独立戦争の中核の一つになってゆく。前掲後藤乾一　132ページ

121 藤原彰：日本のインドネシア占領と独立運動
なお、1941年11月20日の「南方占領地行政実施要領」においては、「占領地領域ノ最終的帰属並ニ将来ニ対スル処理ニ関シテハ別ニ定ムルモノトス」と記載されていた。

122 前掲斉藤鎮男　178～181ページ

123 前掲斉藤鎮男　174～176ページ

124 前掲斉藤鎮男　176ページ

125 前掲斉藤鎮男　186～192ページ

126 前掲斉藤鎮男　195ページ

127 前掲斉藤鎮男　198～199ページ

128 前掲斉藤鎮男　203～205ページ

129 独立運動によって兵器を懇請あるいは強要された結果、危険を見透して戦闘を交えず、これを引き渡した部隊もあり（スラバヤ憲兵隊）、戦闘を交えた上これを放棄した部隊もあり（大部分の部隊）、戦闘を交えてまでついに引き渡しを拒否し通した部隊もある（スマラン城戸部隊）。　前掲斉藤鎮男　227ページ

130 敗戦後、日本軍を離脱してインドネシアの独立戦争に参加した軍人・軍属は900名近く存在。2014年10月、最後の日本人兵士小野盛氏がなくなった。
前掲後藤乾一　136ページ

131 デヴィ・スカルノ夫人は、当時の古内駐インドネシア大使の依頼をスカルノ大統領に伝えたところ、大統領は即座に対応し、1963年12月30日に123名の残留日本人にインドネシア国籍が付与された旨述べている。
デヴィ・スカルノ回想記　草思社　103ページ

132 福祉友の会・200号「月報」抜粋集：インドネシア独立戦争に参加した「帰らなかった日本兵」、一千名の声。ヘル・サントス衛藤理事長の前文より。

133 上記福祉友の会200号に記載されている「誓い」は次のとおり。

134

「インドネシアと日本の懸け橋となっていただいた『帰らなかった日本兵』の方々へ感謝を捧げ強固な懸け橋を築き続けることを誓います」

プルナマワティ：インドネシアにおける残留日本兵の戦後史　鹿児島大学リポジトリ

第Ⅳ章
ドイツにおける状況

この章では、過去の問題を論じるときにしばしば日本と比較されるドイツの状況を概観してみたい。

1. アドルフ・ヒットラーの政権掌握とドイツの侵略戦争

１９１４年に勃発した第一次世界大戦は、それまで人類が経験したことのない破壊をもたらし、１９１８年11月11日にようやく終結した。ドイツ帝国は崩壊し、ドイツには共和国（ワイマール共和国）が誕生した。しかしながら、１９１９年６月28日に調印されたベルサイユ条約の多額の賠償や領土割譲などの過酷な措置[1]に対する鬱積した不満、１９２９年に端を発した世界大恐慌による深刻な経済不況を背景に、アドルフ・ヒットラー率いる国家社会主義ドイツ労働者党（ＮＳＤＡＰ＝ナチス）が次第に勢力を伸ばしていくこととなった。

私は、１９９７年から２０００年までドイツ・バイエルン州のミュンヘンで生活する機会があった。バイエルン州には、ナチス党大会が開催されたニュルンベルグ、最初に強制収容所が設立されたダッハウ、山荘があったベルヒテスガーデンなどヒットラーと係わりのある地が多い。ミュンヘン市内にはヒットラーが演説を行ったビアホールがあり、また、ミュンヘン大学正面はショル兄妹広場と命名されており、ナチスに対する抵抗運動及びその勇気を思い起こす場となっている。[2] バイエルン州及びミュンヘンは、このようにドイツの暗い過去の一時期と多くのかかわりを持っているが、今日では経済的にも文化的にもドイツの最も魅力的かつ活力ある地と言っても過言ではない。壊滅状態となったミュンヘン旧市街も忍耐強い努力をもって再建され、中世の面影を取り戻している。ミュンヘンは、伝統を大切にするとともに進取の気風をも兼ね備えており、多くのドイツ人にとって最も暮らしてみたい都市となっている。毎年世界中から多数の観光客が訪れている。現在のバイエルン州及びミュンヘンの姿は、ドイツが過去の問題を適切に克服してきたことを示す一つの象徴であると思う。

わき道にそれたが、アドルフ・ヒットラーは、1889年4月20日、バイエルンとの国境沿いのオーストリアのブラウナウで生まれた。リンツやウィーンで生活した後、1913年ミュンヘンに移住し、1914年7月に第一次世界大戦が勃発するとバイエルン軍に志願した。敗戦後の1919年、ヒットラーは民族主義的思想を背景にミュンヘンにおいて結成されたドイツ労働者党（1920年2月、「国家社会主義ドイツ労働者党」NSDAPに改称）に入党した。大衆集会におけるヒットラーの演説は多くの人々を惹きつけるようになり、1921年7月の臨時党大会において党第一委員長に就任した。1923年のフランスのルール地方占領に対し、当初ドイツは受け身の形で抵抗したが、ドイツのインフレが激しくなったため、ワイマール共和国政府は抵抗を放棄する方針に転じた。この対応に反対し、ヒットラーは1923年11月、ワイマール共和制を倒すためのクーデター（ミュンヘン一揆）を試みたが、蜂起は翌日には鎮圧され、1924年4月、禁固5年の判決を受けミュンヘン西方約60キロにあるランツベルグ要塞に収監された。しかしながら、同年12月には早くも釈放され、その後、ナチスの影響力は次第にドイツ全国に拡大した。ナチスの勢力は、1928年5月20日選挙では得票率2・6％、議席数12に過ぎなかったが、1930年9月14日選挙では一挙に第二党となり議席数は12から107に拡大し（得票率18・３%）、１９３２年7月31日選挙では議席数を２３０に伸ばしついに第一党の座を占めるに至った（得票率37・３%）。ナチスの権力掌握を阻止するための政治闘争も続けられ、同年11月の選挙では後退も見られたが、第一党としての地位は維持され、１９３３年1月30日、ヒンデンブルグ大統領はヒットラーを首相に任命した。[3] 党員数は、１９２７年末には７２、５９０名であったが、１９３２年末には１、３７８、０００名となり、政権獲得後はさらに増加した。[4]

首相に就任するや、ヒットラーは3月23日に授権法を議会で可決させ、[5]行政府限りで法令を制定する権限を得、ナチス独裁が確立した。この日から、暴力による支配、近隣諸国の侵略、ユダヤ人迫害等、ドイツの歴史の中で最も暗い時代が始まった。

ドイツは１９３８年3月にオーストリアを併合し、同年9月末に開催されたドイツ、英国、フランス及びイタリア4か国のミュンヘン会議の結果を踏まえ、10月にはチェコのズデーテン地方を併合した。英国及びフランスは、戦争を回避するため、ミュンヘン会議においてヒットラーに宥和的姿勢をとったが、ヒットラーの攻撃的政策は留まることを知らず、翌１９３９年3月にはチェコに侵攻、9月１日にはポーランドに侵攻した。[6] ここに至り、ポーランドと同盟関係にあった英国及びフランスは、ドイツに宣戦を布告し、第二次世界大戦の火蓋が切られた。ドイツ軍は翌１９４０年、デンマーク、ノルウェー、オランダ、ベルギー、ルクセンブルグ、フランスに侵攻し、電光石火の軍事的成功をおさめた。ドイツの快進撃を前に日本においては「バスに乗り遅れるな」という気運が強まり、9月27日には日独伊三国軍事同盟が締結された。ドイツは、9月には英国本土の空爆を開始したが英国は屈せず、ヒットラーは矛先を変え、１９４１年6月22日にソ連に侵攻した。しかし、ソ連軍の反撃の前にモスクワ攻略に失敗、戦況は次第に悪化した。米国は、１９４１年3月から中立政策を放棄し、英国等への武器の供与を開始していたが、同年12月8日の日本の真珠湾攻撃により日米が開戦し、日本と同盟関係にあったドイツ及びイタリアも米国に宣戦布告し、戦火は世界的規模に拡大した。１９４３年2月、ドイツ軍は激しい攻防が行われていたスターリングラードの戦いにおいて甚大な敗北を喫し、北アフリカ戦線においても同年5月、ドイツは敗れた。戦況がドイツにとって益々悪化する中、１９４４年6月には連合国側のノルマンディ上陸作戦が決行され、東からはソ連が侵攻した。１９４５年4月、首都ベルリンはソ連軍により包囲され、4月30日、ヒットラーは、愛人エヴァ・ブラウンとともに自殺した。１９４５年5月7日、ドイツは無条件降伏した。

ヒットラー及びナチスのゲルマン民族（アーリア人）優位論、ユダヤ人等の蔑視・迫害の人種主義は、ユダヤ人差別を目的とした１９３５年のニュルンベルグ諸法に見られるとおり、ナチスの政権掌握後次第に露骨な形で顕在化し、ユダヤ人はドイツにおける政治、経済、文化、社会活動から排除されていった。１９３８年11月にはユダヤ人迫害に対する抗議としてフランスにおいてユダヤ青年のドイツ大使館員暗殺事件が発生したが、同事件に対する報復として１９３８年11月9日から10日にかけてドイツ各地でユダヤ教会や店舗、企業が襲撃された（「水晶の夜」）。ドイツにおいては１９３３年以降各地に強制収容所（Konzentrationslager）が設立され、政治的対抗者やユダヤ人など多くの者が犠牲となったが、ドイツの戦争開始後、ユダヤ人迫害は益々激しさを増し、絶滅収容所（Vernichtungslager）において組織的・計画的にユダヤ人絶滅政策（ユダヤ問題の最終的解決）が進められた。ナチス・ドイツによるユダヤ人殺害（ホロコースト）の犠牲者数は、６００万人に及ぶと指摘されている。

2. ドイツの分断

ドイツは、近隣諸国の侵略及びユダヤ人等の迫害などの過去とどのように向きあってきたのであろうか。ドイツは戦後、東西ドイツに分断されたという事情のため、日本とは異なり、関係国と平和条約を締結するという形での戦後処理は行わなかった。すなわち、ドイツの無条件降伏後、東プロシャを含むドイツの広大な東方領域（ドイツ帝国領域全体の約4分の1を占めた）は、大部分ポーランドの管理下に置かれ[7]、残りの領域（現在のドイツ連邦共和国の領域）は、米国、英国、フランス及びソ連の占領下に置かれることとなった。また首都ベルリンは、米国、英国、フランス及びソ連の4か国により別途管理されることとなった。

この占領下に置かれた地区は、西側（米国、英国及びフランス）とソ連の二つの占領地区に整理されていくこととなるが、米国とソ連の対立を背景に、１９４９年5月24日に西側占領地区にドイツ連邦共和国（西ドイツ）が、同年10月7日にはソ連占領地区にドイツ民主共和国（東ドイツ）が成立した。ドイツは、二つの国に分断された。ドイツの東方領域は、ポーランド（東プロシャの北半分はソ連）の管理下に置かれた。米国、英国、フランス及びソ連のいわゆる4大国は、当初は将来ドイツが再び統一

1945年6月17日の占領区域

出典：Bundeszentrale für Politische Bildung（ドイツ連邦内務省下の「政治教育のための連邦本部」）

：英国占領地区　：フランス占領地区　：米国占領地区　：ソ連占領・管理地区　：ポーランド管理地区　(ベルリン)：米、英、仏、ソ4か国により管理された

されることを前提とした立場を維持していたが、ドイツは東西対立の最前線に位置していたため、統一ドイツの位置付けや再軍備問題などについて西側とソ連の立場が真っ向から対立し、ドイツ問題の進展は見られなかった。このような状況の中で、1952年5月、米国、英国、フランス及び西ドイツの間で「ドイツ条約」が署名され、西ドイツの占領状態は終了し、西ドイツは主権を回復した（条約は1955年5月5日に発効）。[8]同時に、西ドイツの北大西洋条約機構（NATO）への加盟が合意され、西ドイツは西側の安全保障体制に組み込まれた。[9]ドイツ条

約において、米国、英国及びフランスは、ドイツの再統一や平和条約を含め全体としてのドイツに関する問題について権利と責任を留保した（2条）。[10] また、全体としてのドイツとドイツのかつての敵国との間の平和条約の締結が、締約国共通の目標であること、ドイツの国境の最終的画定は、平和条約の締結まで棚上げされることが明記された（7条）。

賠償問題は、全体としてのドイツが対応すべき問題と観念され、1953年2月に署名されたドイツの対外債務に関するロンドン条約（同年8月24日発効）は、ドイツの戦前及び戦後の債務の支払い等について規定し、第二次大戦に係るドイツに対する請求権の取り扱いは、賠償問題の最終解決まで延期される旨規定した（第5条2項）。[11]

東西冷戦が厳しさを増す中、ドイツの分断、すなわち東西ドイツの併存は、国際政治における「現実」として定着していくこととなり、ドイツ統一の実現は、見通しの立たない状況となった。ソ連及び東ドイツは、ドイツ及び欧州の東西分断の固定化を図り、西ドイツのドイツ統一という目標や主張を「戦後の現実を無視した復讐主義的政策」として非難した。しかしながら、西ドイツは、西側諸国の支持を確認しつつ、ドイツ統一という目標を放棄することなく、分断を固定化するような政策は、可能な限り回避するよう努力した。西ドイツは、単独で、すなわち東ドイツが参加しない形で平和条約を締結するような行為は、ドイツ分断の既成事実を強化することとなったので、日本とは異なり、平和条約の締結や賠償協定の締結という形での戦後処理は行わなかった。

3. ドイツの戦後処理

ドイツは、ドイツ分断という事情のため日本とは異なり、関係国と平和条約を締結するという形での戦後処理は行わなかった。国と国との間で決定されるべき賠償は、上記ロンドン条約に従い棚上げされた。しかしながら、個人に対する措置、すなわちユダヤ人等への迫害に対する補償やナチスが押収した財産の原状回復は、既に占領下において州レベルで開始され、西ドイツの主権回復後は、1956年の連邦補償法及び1957年の連邦返還法等に基づき、補償等が進められた。

在外に居住するユダヤ人救済のため、1952年9月10日にはイスラエルとの包括的補償協定（ルクセンブルグ協定）が署名され、ドイツは、ドイツやその他の国々からイスラエルに避難したユダヤ人の支援のために30億ドイツ・マルクの支払いに合意した（ただし、ドイツの外貨不足により支払いは、物品及び役務により行われた）。また、イスラエル以外の国に居住していたユダヤ人に対する支援として、「ドイツに対するユダヤ物的請求権会議」（JCC）[12]に対する4億5，000万ドイツ・マルクの支払いが合意された。

1959年から1964年にかけては西欧12か国との間で、これら諸国に居住するナチス犠牲者に対する補償のため、包括的補償協定が締結された。[13]合意された金額の総額は、9億7，100万ドイツ・マルクであった。

以上のとおり、平和条約や賠償問題は棚上げされたが、ドイツは、ユダヤ人その他ナチス政権の下で迫害された人々に対する補償等に積極的に取り組み、迫害を受けた者に対する年金等の支給は今日においても継続されている。連邦補償法や関係国との包括的補償協定から漏れた様々な犠牲者に対しても、受給資格基準を拡充するための法改正、「苛酷ケースに対する」給付のための立法等の措置により救済措置が広くいきわたるよう努力した。[14]

ドイツはまた、欧州の安定及び発展のために積極的に外交努力を続け、ポーランドなど冷戦時代の東側諸国に対しても外交関係樹立後、積極的な経済支援を行った。[15] 開発途上国に対する経済協力も積極的に進められた。ナチス時代のユダヤ人等に対する迫害の反省から、母国で迫害されている政治難民も率先して受け入れた。[16]

1990年10月3日、41年間の分断を乗り越え念願の東西ドイツの統一が達成された。ドイツ統一の対外的側面を定めた「ドイツに関する最終的取り決めのための条約」(「2+4条約」とも呼ばれる)により、これまで留保されてきた米国、英国、フランス及びソ連(当時)4大国の「ドイツ全体に関する問題」等についての権利と責任は解消され、ドイツは法的に完全に主権を回復することとなった。[17] ドイツの統一は、20世紀後半の国際政治の最も劇的な出来事であったが、ドイツ統一は、決して自然にドイツの手中に転がり込んだものではなかった。そのプロセスにおいては、当時の欧州情勢及び東西の安全保障上の思惑を背景とした厳しい政治闘争が繰り広げられた。冷戦という緊張下において、最後の最後まで微妙な綱渡りが必要とされた。統一は、歴史的機会を見逃すことなく、きめ細かくかつ積極的な外交を通じ国際政治における政治闘争に適切に対応したドイツの成果であった。また、過去の問題に誠意をもって取り組み、欧州及び国際社会の安定と発展のために努力を継続してきたドイツに対する信頼感が欧州諸国において醸成されていたことも、統一を可能ならしめた重要な要因であった。[18]

ドイツの統一が達成されたことにより、理論的には「棚上げ」されてきた賠償の問題について議論が提起される余地は存在した。これに対しドイツは、長年にわたるドイツの欧州及び国際社会に対する貢献に鑑み、ドイツの賠償問題はもはや解決済みであるとの立場の整理を行っていた。しかしながらドイツは、東ドイツ時代に取り残された犠牲者に対する補償を、JCC基金を通じて解決する用意があることを表明した。[19]また、ドイツ統一及び冷戦構造崩壊という新たな欧州の現実を背景に、困窮した状況にある人々を人道的観点から支援するため、1991年にはポーランドとの間でドイツ・ポーランド和解基金、1993年にはロシア、ベラルーシ及びウクライナとそれぞれ相互理解・和解基金、1997年にはチェコとの間で未来基金を設立した。その他、エストニア、ラトビア及びリトアニアに対しても、主としてナチス犠牲者のための社会福祉施設の整備に向けた支援が行われた。これまで包括協定が締結されてこなかった中・東欧諸国（アルバニア、ボスニア、ブルガリア、セルビア、クロアチア、マケドニア、ルーマニア、スロバキア、スロベニア、ハンガリー）に対しても、主としてこれら諸国の赤十字を通して支援が行われた。1995年には、ナチス政権下において米国に逃避したユダヤ人を対象に、米国との間で包括的補償協定が締結された。

1990年代には米国においてナチス政権下における強制労働に対する補償問題が提起され、米独間で鋭意折衝が行われたが、この協議を踏まえ2000年8月、「記憶、責任及び未来基金」を設立する法律が制定された。基金の規模は101億ドイツ・マルク（51・6億ユーロ）であった（ドイツ政府とドイツの民間企業がそれぞれ半分を負担）[20]。この基金により2006年末までに166万人の強制労働に従事させられた人々を含む170万人が補償を受け取ることができた。補償のために支払われた総額は、43・62億ユーロであり、ポーランド、ロシア、白ロシア、ウクライナ等出身の人々に支払われた。JCCにも資金が振り分けられた。基金による補償の支払いは、2006年末で完了したが、基金は、残された資金で歴史の批判的分析や人権尊重などに資するプロジェクトを支援している。

ドイツの戦後補償（2019年までに支出した累計金額。単位10億ユーロ）[21]

1	連邦補償法（BEG）	48・454
2	連邦返還法（BRüG）	2・023
3	補償年金法（ERG）	0・813
4	ナチス被迫害者補償法（NS-VEntschG）	2・764
5	イスラエルとの包括協定	1・764
6	西欧12か国をはじめ各国との包括協定	1・489
7	その他の法律に基づく給付	6・793
8	連邦補償法の枠外における州による給付	2・028

9	各種苛酷ケースに対する給付	9・148
10	記憶、責任及び未来基金	2・556
	計	77・833

4. 政治教育の推進及び国際協力強化に向けての積極的努力

過去が忘れられることはない。また、過去の問題が近隣諸国との間で完全になくなったわけではない。しかしドイツは、国内においてはナチス独裁を許した過去の過ちを決して繰り返すことのないよう歴史を直視し、一貫して民主主義の強化をはかり、開かれた、寛容性を重視した社会の構築に努力してきた。特に、ワイマール共和国時代、過激主義の台頭により民主主義が崩壊した教訓を踏まえ、民主主義を強化するために市民、特に青少年に対する政治教育を極めて重視しており、連邦内務省に設けられている「政治教育のための連邦本部」(Bundeszentrale für Politische Bildung)[22]は、市民の政治への理解を高め、民主主義に対する意識を強め、政治への参加を促すことを目的として内政、国際問題、歴史、社会問題などについて幅広く豊富な情報を提供している。ナチス時代の資料も充実している。その他、CDU(キリスト教民主同盟)、CSU(キリスト教社会同盟)、SPD(社会民主党)及び自由民主党(FDP)などの主要政党は、それぞれ財団[23]を運営しており、政治に関する様々な問題についての講演、シンポジウム、討論会などを通じ常に市民との対話に努力している。これらの多様な努力に支えられ、ドイツ市民の政治意識は極めて高く、家庭でも、また友人同士の集まりなどにおいても、常に様々な政治問題について熱心に議論が行われている。

また、前述のとおり、ユダヤ人等の迫害の暗い歴史を踏まえ、人道問題に積極的に取り組んでおり、政治難民も多数受け入れてきた。対外的には、世界各国との友好・協力関係を築くとともに、特に過去に戦争が繰り返された隣国フランスとは特別に緊密な関係を築き上げ、ヒットラーが最初に軍事侵略した東側の隣国ポーランドとの関係強化にも意を配っている。欧州統合を積極的に推進し、欧州の発展の中にドイツの命運を位置付けるとの姿勢を貫いてきた。このような努力の結果、ドイツは、欧州を含め国際社会の中で高い評価を享受しており、欧州においては欧州統合の牽引役として確固たる地位を築いている。ドイツに賠償を求める声も時折欧州諸国の中で聞かれるが、今日、過去の問題がドイツと近隣諸国との間で政治問題化するようなことはもはや基本的には想定できない。ノルマンディ上陸作戦60周年の2004年6月6日の記念式典には、シュレーダー首相がドイツの首相として初めてかつての連合国と共に招待された。同年8月1日にポーランドで行われたワルシャワ蜂起60周年記念式典にもドイツの首相として初めて参加した。2005年5月9日のモスクワにおけるナチスに対する勝利60周年を記念する行事には、50か国以上の首脳が招待されたが、シュレーダー首相も、この式典に参加した。これら式典へのドイツの首相の参加は、ドイツの軍事侵略に端を発した第二次世界大戦という不幸な過去に対し、ドイツと近隣諸国との間における和解が達成されていることを改めて示すものであった。

5. ドイツの苦悩―ヤスパースの戦争責任論

ドイツは近隣諸国との和解を進め、欧州をはじめ世界各国と緊密な友好協力関係を維持しており、模範的民主国家として国際的に高い評価と敬意を集めている。しかし、ドイツの戦後の歩みは容易なものではなかった。ナチス・ドイツの開始した戦争により、ポーランド、ソ連をはじめ多くの国の国民が犠牲となった。ナチスの人種政策、ユダヤ人迫害などは、ナチスの政権掌握後、国内はもとより海外においても広く知られることとなったが、アウシュヴィッツをはじめ各地の強制収容所の解放とともにユダヤ人虐殺の凄惨な実態が具体的に明らかとなり、世界に大きな衝撃を与えた。多くのドイツ国民も、ナチス政権の犠牲者となった。多くの尊い命が戦場で失われ、ドイツの都市は連合国の空爆により破壊され、国民は深刻な窮乏状態に陥った。ドイツ及びドイツ国民は、敗戦の苦悩の中で、戦争を開始した戦争責任に加えナチスの人種政策の残虐性に対する国際的な強い批判と嫌悪の対象となった。

このような、物質的にも精神的にも「どん底」の状況の中で、また占領という屈辱の中で、ドイツにとっての最も重要な課題は、精神的にドイツが再び立ち直ることであった。そのためにもドイツとしては、なぜヒットラー及びナチスの台頭を許してしまったのか、なぜ民主主義を護れず全体主義に走ってしまったのか、なぜ戦争への道を歩んでしまったのか、なぜヒットラーの人種政策を防ぐことができなかったのか、誰にどのような罪や責任があるのかなどの問題に正面から取り組むことが喫緊の課題となった。この問題に正面から向き合うことが、ドイツの未曽有の悲劇を繰り返さないためにも、また関係国との和解並びにドイツ及びドイツ人の名誉と尊厳を回復するためにも、避けては通れない道であった。

ドイツの戦争責任の問題について最初に論じた識者の一人は、哲学者カール・ヤスパースであった。ヤスパースは、夫人がユダヤ人であったため1937年にハイデルベルグ大学教授の職を解かれ、1945年4月には夫人とともに強制収容所送りとなる危機に直面したが、直前に米軍がハイデルベルグ市に進駐し、危機を免れることができた。ヤスパースは、1946年1月及び2月、再建されたハイデルベルグ大学において「罪の問題」という題目の下に戦争責任の問題についての講義を行った。[24]

講義の冒頭、ヤスパースは、ヒットラー政権下において国民の表現の自由及び思想の自由が制限され、国民は上(政府)からの命令に従うことを強要されていたことを念頭に、ドイツ人は自ら考える習慣を再び身につけなくてはならない旨強調し、そのためには自尊心、絶望、怒り、傲慢、復讐心、軽蔑などの感情に影響を受けることなく、真の現実を見ることが重要である旨指摘した。[25] そして、戦争責任の問題が、誰よりもドイツ人自身にとって最も重要である旨指摘しつつ、[26] 完全な率直さ及び正直さの中においてのみ、ドイツの尊厳が回復され、ドイツの未来が存在することを強調した。[27] ヤスパースは、論点が拡散されがちな議論の整理のため、罪を(イ)刑法上の罪、(ロ)政治的罪、(ハ)道徳的罪及び(ニ)形而上的罪の4つの類型に分類した。それぞれの罪についての要点は次のとおりである。

(イ)刑法上の罪

「犯罪[28]は、法律に違反する行為により構成される。この罪を裁くのは裁判所である」

当時、ニュルンベルグにおける国際軍事法廷で22名[29]の被告に対する裁判が進行中であった（第1回公判は、1945年11月20日。刑の宣告は、1946年9月30日及び10月1日。以下ニュルンベルグ裁判）。同裁判において被告は、「平和に対する罪」（戦争の計画、準備、開始、遂行、これらの実行のための共同謀議への関与等の罪）、「戦争犯罪」（捕虜虐待・殺害、民間人の暴行、殺害、略奪等）及び「人道に対する罪」（ユダヤ人等の虐待・虐殺、人種的、政治的、宗教的理由に基づく迫害等）について裁かれていたが、ヤスパースのいう刑法上の罪はこれらの罪を念頭に置いている。

（ロ）政治的罪

「国の指導者及び政府の行為に対して、国民も共有しなくてはならない罪。国民は、国家の権力に従属し、その国家秩序に自らの存在を依存している以上、その国家の行為に対して責任を共有しなくてはならない。国家にどのように統治されるかについて、国民は責任を有する。この罪を裁くのは勝者であり、その結果は平和条約において規定される」

ヤスパースは、ドイツ人である限り、何らかの形で政治的プロセスに参加していたことは否定できない事実であるため、民主主義を崩壊に導きヒットラー独裁を導いてしまった以上、ドイツの名において行われた犯罪に対しては、ドイツ人全体がその責任を共有せざるを得ない旨指摘した。この政治的罪については、ヤスパースは「集合的」罪は存在すると指摘した。同時に、この罪は政治的な罪であり、ドイツ人の多くはナチス体制（Regime）を支持していたわけではなく、政治的に責任を共有するということは、道徳的にも罪を有することを意味するものではない旨、政治的罪以外の罪、すなわち刑法上の罪、道徳的罪及び形而上的罪については、罪を集合的に観念することはできない旨指摘した。[30]

（ハ）道徳的罪

［一人一人の個人は、自らのあらゆる行動（それが命令に基づくものであっても）に対して、道徳的責任を有している。この罪については、全ての者が正直に自分自身を見つめて判断しなくてはならない、この罪については外部の者が裁くことはできず、これを裁くのは基本的には自らの良心のみである］

（ニ）形而上的罪[31]

［人間相互間には人間としての連帯が存在する。この連帯感により、人間は皆、世界における不正及び不正義に対する（犯罪が行われていることを目にしている、又は承知している場合には特に）責任を有している。他の人間が殺害されるのを、自らの命を賭けて防ごうとせず傍観した場合、その人は、刑法的、政治的或いは道徳的な観点からは十分に説明できない罪を感じることになる。この罪を裁くのは神である］

以上がヤスパースの罪の整理である。

ナチス・ドイツの開始した戦争により、ポーランド、ソ連、西欧をはじめ多くの国の国民が犠牲となった。ドイツのユダヤ人虐殺などの実態は世界に大きな衝撃を与えた。ドイツ及びドイツ国民は、敗戦の苦しみと苦痛の中で国際的な強い批判と嫌悪の対象となった。このような状況の中で、ヤスパースは罪の問題を整理することにより、ドイツ民族全体としての罪（Kollektivschuld）は基本的（上記「政治的罪」を除き）に存在せず、戦争を主導した罪、戦争犯罪及び人道に対する罪はあくまでも個人に係るものであること、したがって、民族全体を犯罪者として糾弾することは誤りであることを指摘した。同様に、民族全体を道徳的に糾弾することも誤りであることを強調した。[32] ヤスパースは、ドイツ人に対しては、正直に自らの罪及び責任について考え、反省することを促すとともに、戦勝国及び国際社会に対しては、ドイツ及びドイツ人全体を非難・批判し悪者扱いすることは誤りであることを指摘した。

当時、多くのドイツ国民がヒットラーを熱狂的に支持し、ヒットラーは選挙により権力を手中に収めた。ドイツは、1933年1月30日のヒットラー政権成立後、近隣諸国を併合し、ユダヤ人等を迫害し、侵略戦争を開始した。ヒットラーの外交的軍事的勝利、大量失業の克服等の成功[33]を背景に、ヒットラーを支持する国民は多数存在した。他方、ドイツ国民は、その暴力支配体制及び人種政策に同調できなくとも、ヒットラーが政権を握った後は、もはやナチスの独裁体制に抵抗する術はなくなった。ヒットラー及びナチスに抵抗しようとした努力は、散発的には存在した。[34] 前述のとおり、1942年秋にはミュンヘン大学学生のハンス及びソフィ・ショル兄妹がナチス支配及び戦争を批判するビラを配るなど、ナチスへの抵抗を呼びかけた。しかし、1943年2月、秘密警察（ゲシュタポ）に逮捕され処刑された。1944年7月20日には軍の一部が中心となり、ヒットラー暗殺を企てたが失敗し、首謀者の親族を含め多数が処刑された（逮捕者は7、000人、処刑者は200人に及んだ）。[35] ナチスは、極めて厳格な国民監視体制を敷き、自ら及び家族の生命を危険にさらすことなくナチスに抵抗することは不可能であった。国民は、ナチスを支持しようとしまいと、ナチスに従わざるを得なかった。ドイツは、ヒットラーの手により正に破滅への道を走り続けた。

ヤスパースはまた、ニュルンベルグ裁判に対する屈辱感や勝者の裁判に対する割り切れない感情、戦場で軍人として国家や家族のために真摯に義務を果たした多くのドイツ人、特に若い兵士の心情、戦争目的をはるかに超える連合国側のドイツの都市空爆などに対する反発など、ドイツ国内に燻っていた様々な感情にも触れた。[36] 同時にヤスパースは、戦争に関する政治的責任の判断に当たっては、命を懸けた戦いに勝利を収めた勝者が優先的権利を持つことは避けられないこと、[37] ドイツにとっての国家的屈辱の原因は、(ニュルンベルグ) 裁判にあるのではなく、この裁判をもたらすこととなったドイツの体制と行動にあること等を指摘した。[38] また、ドイツ国内に燻っていた様々な感情や論点により、ドイツ人が自らの罪の意識を相対化し、又は過去を正当化しようとすることのないよう、ドイツが戦争を始めたということは明白な事実であること、[39] 現在諸国民の中で最も大きな苦難に直面しているとは言え、ドイツ人が1945年までの歴史の流れに対して最も大きな責任を有していることに変わりはないこと、[40] 第一次大戦時に比べてはるかに破壊力が高まっている時代に戦争を始めたということが正に恐ろしいことであったのであり、[41] 様々な論点は、真実をより深く探求するという意味においては重要であるが、このような論点を、ドイツの罪を軽くしようとするために援用してはならない旨諌めた。

ヤスパースの主張は、基本的にはドイツ及びドイツ国民に向けられたものであったが、同時に、戦勝国及び国際社会に対するメッセージも多々含まれていた。ドイツとして主張したい諸点も、様々な文脈の中で言及された。ヤスパースは、「完璧な自己透視」がドイツ人としての新たな生命の開始にとっての前提である旨強調しつつも、ドイツに困難をもたらした他の国々の行動を明らかにすることは許されることであり、また必要でもある旨述べ、特に、1919年のベルサイユ体制を含め第一次世界大戦以降の英国、フランス、米国等の政策及びヒットラーが権力を掌握した1933年以降の欧州諸国のヒットラーに対する宥和的姿勢に言及した。[42] また、外国における「ドイツ人はなぜヒットラーに抵抗しなかったのか」などの批判に対しては、ヒットラーが政権を掌握した後は、ドイツ国民としてはもはやヒットラーに抵抗することは実際上出来なかったことを指摘した。[43]

ヤスパースは、1962年、自らの著書の「後記」において、①この書は、ドイツ人が自らの罪を認識し、そしてそれを受け入れることにより尊厳の回復への道を見出すとともに、各人が自らを見つめる上での一助となるよう書かれたものである、②この書はまた、戦勝国の罪にも触れている。それは、我々の罪を軽くするためではなく、全体としての真実を明らかにするためである、③このような著書が戦後の占領体制の下で出版を許されたということは、戦勝国が自由の精神を重視していたことを示すものであるなど指摘している。[44]

実際、ヤスパースの一部の論点が戦勝国側の反感や規制を招かなかったのは、ヤスパースが重ねて、ドイツ人は自らの過ちを直視し、自らを浄化しなくてはならない、戦争を始めたのはあくまでもドイツ人である、戦勝国の対応やその他外的要因について考えることは許されるが、これらによって自らの罪を軽くしようとしてはならないなど、ドイツ人として自らの誤りや罪を直視しなくてはならないことを強調したためであろう。ヤスパースは、自らを問い詰めることにより自らを「浄化」することが重要である旨、「浄化」を実現することによりドイツは自らの尊厳を回復でき、ドイツの未来を築くことができる旨を重ねて指摘した。そして、反省が不十分な場合には、批判に対して攻撃的に反応したり、純粋ではない気持ちで罪を受け入れたり、頑迷な自尊心の中に閉じこもったり、戦後ドイツの悲惨な状況により償いはもう十分行われたとの感情に襲われかねないが、そのようなこととなれば、正しい浄化に向けての道から逸れてしまうことを指摘した。[45] ヤスパースは、深く反省することがドイツ及びドイツ国民の尊厳を回復し、詩、芸術、音楽、哲学などのドイツの様々な優れた遺産をよみがえらせ、また国際社会との和解を達成する上で不可欠であると考えていた。[46]

ヤスパースの講義は、「センセーションを巻き起こし、学生たちは、大学の旧講堂を埋め尽くし」、「著作として刊行された国外スイス版は、初年度の内に版を4回も重ねるほどであった」が、当時「ドイツ国内においてはかえって無関心を装った冷たい視線を浴び続けた」と指摘されている。[47] 終戦直後のドイツの困窮状態及び精神的衝撃の下では、一般のドイツ人にはヤスパースの論点を十分に消化するだけの余裕が未だ欠けていた可能性も考えられるが、ヤスパースの論点は、戦争責任の問題を考えるにあたっての多くの示唆を含んでおり、１９８５年のワイツゼッカー大統領の演説においても、ヤスパースの論点が参考とされていることがうかがえる。

6. ワイツゼッカー大統領の演説

ドイツは、「歴史を直視する国」として国際社会及び近隣諸国の高い評価と信頼を得てきているが、それは、これまで見てきたとおり、ドイツ政府がユダヤ人等への補償に誠実に取り組むとともに、近隣諸国への侵略やユダヤ人等への迫害など過去のドイツの行為に対して一貫して明確に誤りを認め、歴史を直視する姿勢を堅持してきたからである。ドイツにおいて、過去のドイツの行為を正当化する議論もないわけではないが、そのような議論に対し政府は常に率先して反論し、大多数の国民も、そのような議論に対抗している。

ドイツに対する評価に関連してしばしば言及されるのが、戦後40年の節目の1985年5月8日に行われたワイツゼッカー大統領の演説である。同演説のいくつかの要点を引用してみたい。

・私たちは、過去を美化することなく、また偏った視点で見ることなく、真実を直視しなくてはならない。正直かつ真摯に過去の出来事を想い起さなくてはならない。

・私たちは、戦争及びナチスの暴力支配のすべての犠牲者を想い起す。

特に、ドイツの強制収容所で殺害された600万人のユダヤ人、

戦争で大きな苦痛をこうむったすべての国々の人たち、特に亡くなった多数のソ連及びポーランドの市民、

兵隊として、空爆で、捕虜として及び強制追放の過程で亡くなったすべてのドイツ人、殺害されたシンティやロマ、同性愛者、精神病者及び宗教的・政治的信条のために殺害された人々、射殺された捕虜、ドイツが占領していた各地域における抵抗運動の犠牲者。

・歴史において戦争や暴力にかかわる罪を犯さなかった国はないであろう。しかし、ユダヤ人に対する民族殺害は、歴史において類を見ない。ユダヤ人殺害にかかわっていなかった多くのドイツ人も、ユダヤ人が迫害されていることを知らなかったはずはない。

・民族全体として罪（Schuld）がある、又は罪がない（Unschuld）という議論は適切ではない。罪があるか、又は罪がないかは、集合的にとらえることはできず、一人一人の個人について判断されなくてはならない。

・発覚した罪と隠されたままの罪がある。当時成人として判断能力のあった世代は、それぞれ自分自身の中で戦争と自分との係わりを正直に見つめる必要がある。

・当時子供であった者、生まれていなかった者に罪を問うことはできない。しかしながら、彼らも前に生きていた人々からの重い遺産を受け継いでいる。

・我々（ドイツ人）は皆、罪があろうと罪がなかろうと過去を受け入れなくてはならない。我々は皆、我々の過去により影響を受け、我々の過去に対して責任を有している。過去に対して目をつぶる者は現在に対して盲目になる。

・第二次世界大戦の背景には様々な歴史的要因が存在する。1939年8月23日に締結された独ソ不可侵条約は、ヒットラーのポーランド侵攻の道を開くものであった。しかし、だからといって第二次世界大戦勃発に対するドイツの罪が軽減されるわけではない。戦争は、ドイツが始めたのである。暴力に訴えたのはヒットラーである。第二次世界大戦勃発は、ドイツの名と結びついている。
・戦争中、ナチス政権は、多くの民族を苦しめ、卑しめた。最後には、苦しめられる民族としてはドイツ民族しか残らなかった。ヒットラーは、ドイツ民族が戦争に勝利できないのであれば、滅びれば良いと公言していた。
・私たちは、尊大になったり、自己正当化を行ったりする立場には全くない。しかし、私たちは、今後とも私たちの歴史的記憶を今日における行動及び今後の課題への取り組みの指針として維持する限り、感謝をもって戦後40年間の発展を振り返ることができる。
・ドイツには、新しい世代が政治的責任を果たすべき立場に成長してきた。これら若者たちは、当時の出来事に対して責任を有してはいない。しかし、彼らは、過去の出来事がこれからの歴史にどのように生かされるかについて責任を有している。
・私たち年配者は、若い人たちに正直でなくてはならない。私たちは、若い人たちに、記憶を維持することがなぜ決定的に重要であるのかを、また、歴史の真実に冷静にかつ偏向することなく向き合うことを教えなくてはならない。
・私たちは、自らの歴史から、人間がいかなる行動をとり得るかを学んだ。したがって、私たちは今日人間として変わり、より良い存在になったなどと己惚れてはならない。人間も、国家も、道徳的に完璧な域に到達するようなことは決してない。私たちは、人間として学んだが人間として常に危険にさらされている。しかし、私たちは、危険に常に打ち勝つ力を持っている。

以上、意訳をしつつワイツゼッカー演説のいくつかの個所を引用した。ヤスパースの講義は戦後直後に行われ、主として戦争を体験した世代を念頭に論じられているが、戦後40年の機会に行われたワイツゼッカー演説は、戦後世代をも意識して行われ、戦後世代の責任にも言及している。

7. ドイツの戦争責任論に関するいくつかの論点

ドイツにおける戦後処理及び戦争責任をめぐる議論について触れたが、以下、我が国においてドイツとの関連で時折みられる指摘について述べてみたい。

(1)「日本とドイツを同一視すべきでない。ドイツはホロコーストを行ったので罪がある。日本はホロコーストを行っていないので罪を問われる必要はない」

時折聞かれる議論の一つは、「ドイツは、ユダヤ人虐殺を行ったので国際社会より糾弾されたが、侵略戦争は問題にされていない。日本は戦争を行っただけなので罪を犯しておらず、謝る必要はない」との趣旨のものである。2001年に出版された「新しい歴史教科書」においてはこのような考え方が底流に存在する。[48] しかしながら、このような議論をもって国際社会の共感と理解を得ることはできない。ドイツをより大きな「悪」として位置付け、もって日本の犯した誤りを相対化又は正当化しようとするような姿勢は、仮に日本国内において一定の支持を得られたとしても、国際社会においては説得力を持たず、冷笑の対象となるにすぎない。また、「ドイツの侵略戦争は問題にされていない」との指摘も正しくなく、ドイツはユダヤ人等の迫害に対してのみならず、戦争を行ったことに対しても深い反省の意を表明している。

もとより、ナチスの行ったホロコーストは、ドイツ人自身も「歴史において類を見ない犯罪」[49] であったと考えており、ドイツに対する敵対心や批判の多くがユダヤ人等の迫害に向けられたことは事実である。ドイツは、ワイツゼッカーの演説を含め様々な機会にユダヤ人迫害に対する反省と謝罪の意を表明している。２００５年1月25日のベルリンにおけるアウシュヴィッツ強制収容所解放60周年式典においてシュレーダー首相は、ホロコーストを「人類最大の犯罪」と表現している。また、同年5月10日にはベルリンの中心、ブランデンブルグ門の近くに約1万9千平方メートルの広さの「殺害されたヨーロッパのユダヤ人追悼施設」が完成したが、その記念式典においてティールゼ連邦議会議長も「ドイツの歴史における最大の犯罪」と表現している。

しかしドイツは、ドイツの始めた戦争に対しても重ねて反省と罪の意識を述べている。ドイツの戦争犯罪を裁いたニュルンベルグ裁判においては、「平和に対する罪」及び「戦争法規違反等の戦争犯罪」は、「人道に対する罪」とともに重要な訴因であった。[50] ワイツゼッカー大統領は、前述の演説において強制収容所等で殺害された600万人のユダヤ人を思い起こすと共に、戦争で苦しんだ人々、特にソ連及びポーランドの多くの市民を思い起こしているが、これもドイツが始めた戦争に対する責任を意識してのことである。また、シュレーダー首相は、ソ連侵攻60年目の2001年6月22日に談話を発表し、その中でソ連の多くの民族にもたらされた苦痛に言及しつつ「我々は、この戦争の犠牲者に対して頭を垂れる」[51]旨述べ、またドイツの首相として初めてかつての連合国とともに参加した2004年6月6日のノルマンディ上陸作戦60年式典においては、「私たちドイツ人は、だれが戦争を開始したかを知っている。私たちは、歴史における私たちの責任を承知しておりこの責任を真剣に受け止めている」[52]旨述べている。シュレーダー首相は同年8月1日のワルシャワ蜂起60周年の式典にもドイツの首相として初めて参加したが、同式典においてナチス・ドイツの1939年のポーランド侵略、ワルシャワ蜂起に際してのワルシャワ破壊に言及しつつ、「我々は、ナチスの軍隊の犯罪を恥じ、頭を垂れる」、「われわれは、これからも、歴史を歪曲しようとする試みに対しては断固反対しなくてはならない」、「我々ドイツ人は、誰が戦争を開始し、誰が最初の犠牲者であったかを知っている」[53]など指摘した。これらの発言は、一例に過ぎないが、すべてドイツの戦争をも念頭に置きドイツとしての責任を表明したものである。

2005年は、終戦60年の節目に当たり、戦争を想起する多くの行事が行われた。5月7日、シュレーダー首相は、南ドイツ新聞への寄稿において過去の問題について述べているが、その中で「国家社会主義（ナチス）、戦争、民族殺害及び犯罪の時代に対する記憶はドイツのアイデンティティの一部となっている、この記憶を持ち続けることはドイツの道義的義務である」など指摘している。5月8日にはドイツ連邦議会における終戦60周年会合においてケーラー大統領が演説し、その中で「ドイツが世界にもたらした不幸の後遺症は今日まで続いている。今も息子や娘たちは殺された両親のために泣いている、今も人々は当時の境遇のために苦しんでいる、そして今も多くの国で数えきれない多くの人々が故郷を失ったことを悲しんでいる」、「我々ドイツ人は、驚愕と恥をもってドイツにより開始された戦争とドイツにより行われたホロコーストを振り返る」など述べている。シュレーダー首相は5月9日、ロシアの「コムソモルスカヤ・プラウダ」紙に寄稿し、（イ）当時のソ連ほどヒットラードイツに対する勝利のために高い代価を払わなくてはならなかった国はない、（ロ）第二次大戦のソ連にとっての結果は2千7百万人以上の死者、筆舌に尽くせない荒廃であった、（ハ）これは、ドイツがロシア及び旧ソ連の他の国の国民に対して感じている責任の一部である、（ニ）今日においても我々は、ロシア及びその他の国の国民に対し、ドイツにより行われた行為に対し許しを求めるなど述べている。

以上はすべて、ドイツがホロコーストのみを反省しているのではなく、ドイツが始めた戦争に対しても深い反省を述べていることを示すものである。ドイツに対しては、ユダヤ人等に対する迫害のみならず、戦争に対しても責任が問われたのであり、「欧州においてはホロコーストが問われているだけで……侵略戦争を問責する声はヨーロッパ内に全然ありません」などの指摘[54]は正しくない。

（2）「ドイツは論理的トリックを使って戦争責任をナチスに転嫁している」

時折聞かれる第二の議論は、ドイツ人は、「論理的なトリックを使い、戦争責任をナチスに転嫁し、ドイツ人としては責任を受け入れていない」等の趣旨の指摘である。ドイツ政府関係者の演説等においては、「国家社会主義（ナチス）」や「ヒットラー」を主語としてドイツの過去の行為に言及する表現が見られることがこのような指摘の背景にあるようである。更に、ドイツがナチスの行為を「ドイツの名の下に行われた」と表現したり、終戦を「解放の日」と表現したりすることなどもそのような指摘の論拠となっているようである。しかしながら、ドイツの戦争やユダヤ人迫害などについて「ドイツ」が主語となっている表現は多々存在する。[55] また、当時ドイツは、ヒットラー及びナチス政権の支配する全体主義体制の下にあり、ナチスの行為は国家としてのドイツの行為であった。したがって、ある行動の主語が「ナチス」であろうと「ドイツ」であろうと、国家としてのドイツの行為であることに変わりはないので、そこに「トリックがある」との指摘は理解できない。今日ドイツは、国際社会において、過去を直視する国として高い評価を勝ち得ている。「トリック説」を主張する人々は、全世界がドイツの「トリック」の術中にはまっていることを想定しているかのようであるが、それはあり得ないことである。

「ドイツの名において行われた」という表現は、基本的には「罪は個人にかかわるものであり、民族全体としての罪は存在しない」との考え方と軌を一にするものである。すなわち、戦争を主導したのはナチス政権であり、また戦争犯罪を行った者、ユダヤ人等を殺害した者もナチス及びナチスとともに行動した者達であるが、ナチスの暴力支配の下で表立って抵抗できなかったとはいえナチスの考えや行動に批判的であったドイツ人も多く存在した。このようなドイツ人の立場から言えば、また、過去を反省し、模範的な民主主義国家の建設に努力し、各国との友好親善を進めてきた戦後世代のドイツ人の立場から言えば、ナチス政権の行動を「ドイツの名において行われたもの」と表現したとしても、特に違和感を覚える必要はないと思われる。この表現の根底には、「本来のドイツは、世界からこのような非難を受けるような国ではない、ドイツは学問、哲学、文学、音楽をはじめ多くの世界に誇る伝統と文化を育んできた、しかし、ナチスの台頭を許してしまったという大きな誤りを犯したために、誤った道に進んでしまい、多くの国々及び人々に大きな災いと苦しみをもたらし、ドイツの名誉と尊厳を傷つけてしまった」とのドイツ人としての反省、無念さ、悲しみなどの感情が存在しているものと思われる。

敗戦の日を「解放の日」と表現する例は多くみられる。ワイツゼッカー大統領も、上述のとおり、敗戦の日を「解放の日」と表現している。ナチスは、政権を確立した後には全体主義的な暴力支配を確立し、ドイツ国民は、ナチスの政策に反対であっても命を犠牲にすることなくナチスに抵抗することは困難であった。ナチスの暴力支配の下、兵士は、絶望的な戦いの継続を強いられ、国民は、連合国の過酷な空爆にさらされた。ヒットラーは、「ドイツ民族が戦争に勝利できないのであれば、滅びれば良いと公言して」[56]おり、ドイツは破滅への道を進んでいた。ヤスパースも、ナチスが政権を掌握した後、ドイツ国民は、「監獄に閉じ込められた状況となった」旨指摘している。敗戦は、多くのドイツ国民にとって屈辱と苦痛をもたらしたが、同時にナチス独裁及び恐怖政治の終わりをもたらした。

「解放」という言葉は、その意味において当時の多くのドイツ人の率直な心境を反映していたものと考えられる。

8. ドイツにおける過去の問題をめぐる論議

ドイツにおいても、ヒットラーの戦争は自衛のための戦争であった等の主張は一部見られた。アウシュヴィッツなどにおけるユダヤ人虐殺は事実ではないとの主張（Auschwitzlüge）が行われたこともある。600万人というユダヤ人犠牲者の数についても、欧州におけるユダヤ人口の趨勢についての独自の試算などを理由に「根拠がない」等の批判が行われたことがある。

政党レベルで過去の問題についてのドイツ政府の姿勢を批判しているのは、1964年11月に結成されたドイツ国家民主党（NPD）[57]である。同党は、政府の過去を反省する姿勢を戦勝国の歴史観を無批判に受け入れるものであると主張し、連合国による一般市民に対する空爆、戦後の何百万というドイツ市民の東方地域よりの追放やドイツ人捕虜の殺害も犯罪であり、ドイツのみに一方的に罪をかぶせるのは不当である、政府の「罪意識の文化」（Schuldkult）は、特に若者に対して「自虐的意識」を植え付けるものである、など論じている。民族主義的、排外的思想を有する政党であり、歴史問題についても「爆撃ホロコースト」、「民族的マゾヒズム」、「カノッサ共和国」、「反ドイツ歴史虚偽」、「チャーチルの戦争犯罪」など煽情的、過激な表現を用いている。[58] 州レベルでは1966年、1967年、1968

年に行われた一連の選挙において7つの州議会において5・8%から9・8%の得票率を達成し、議席を有していた実績があり、1969年の党員数は28、000人に達した。[59] しかし、州レベルにおける勢いにもかかわらず、1969年の連邦議会選挙は4・3%の得票率にとどまり、議席を確保するには至らなかった（ドイツにおいては5%以上の得票率を達成しないと議席を持つことはできない）。

その後、同党は奮わなかったが、ドイツ統一後の旧東ドイツにおいて再び勢力を盛り返し、2004年9月のザクセン州議会選挙において9・2%の得票率を達成し12議席を獲得、ドイツ内外に衝撃を与えた。同党は、2009年のザクセン州議会選挙でも5・6%の得票率を得て、州議会の議席を確保した（2014年には4・9%の得票率に終わり州議会の議席を喪失した）。また同じく旧東ドイツのメクレンブルグ・フォアポメルン州選挙においても2006年及び2011年、それぞれ7・3%及び6・0%の得票率を達成し州議会に代表を送った。

NPDは、2005年にザクセン州議会を中心に過去の問題をしばしば取り上げた。2005年2月は、ザクセンの州都でありエルベ川のフィレンツェと称されてきた美しい文化都市ドレスデンの空襲60年（同市は、1945年2月13日から14日の深夜、連合国の大空襲を受けた）に当たり、同党は、この空爆は計画的に行われた一般市民に対する大量殺人であり空爆ホロコーストであると主張し、ドレスデン市において「葬送行進」を呼び掛けた。これに対し、シュレーダー首相は13日に談話を発表し、「我々はこのような歴史の歪曲にあらゆる手段をもって対抗する。我々は、原因とその原因によりもたらされた出来事との関係が捻じ曲げられることを容認しない。（我々が受けた）苦痛をもって（我々が行った）

不正を矮小化しないことも、我々の歴史に対する責任の一部である。この点について我々は、特にドレスデンの犠牲者を含め、全てのナチスのテロ及び戦争の犠牲者に対して責任を負っている」などの立場を強調した。

同首相の談話全文は次のとおりである。

本日、ザクセン及び全ドイツの人々は、60年前のドレスデンの破壊を思い起こす。多くの子供や避難民を含む何万（Tausende）という罪のない人々が残酷に命を奪われた。欧州で最も美しい町の一つが破壊された。本日、我々は、ドレスデン、ドイツ及び欧州における戦争及びナチスの暴力支配の犠牲者に哀悼の意を表する。戦後60年に至り、我々は、一部の者が人間の悲しみを悪用し、また自らの主張の道具にしようとする試みを経験する。歴史の相関関係は歪曲される。第二次世界大戦の勃発、虐殺及びテロに対するナチス・ドイツの罪及び責任は否定すらされる。我々は、このような歴史の歪曲にあらゆる手段をもって対抗する。我々は、原因とその原因により生じた出来事との関係が捻じ曲げられることを容認しない。（我々が受けた）苦痛をもって（我々が行った）不正を矮小化しないことも、我々の歴史に対する責任の一部である。この点について我々は、特にドレスデンの犠牲者を含め、全てのナチスのテロ及び戦争の犠牲者に対して責任を負っている。これは、すべての民主主義者の共通の義務である。「橋を架け、和解をもたらす」—これは、再建された聖母教会に刻まれた言葉である。これが2月13日のメッセージである。[60] このメッセージは、ドレスデンのみならず、戦争の非人間性の犠牲となったコベントリー、ゲルニカ及びその他の場所でも同じように理解されるべきものである。

シュレーダー首相は、同年2月13日のヴェルト紙とのインタビューにおいても上記談話と同じ趣旨を述べつつ、「我々は本日、ドレスデンの空襲を思い起こす、……しかし、我々は、ドイツにより開始された戦争が他の国々のどれだけ多くの人々に深い苦痛をもたらしたかをいつも思い出さなくてはならない。同時にドイツ人の犠牲者に対しても哀悼の意を表さなくてはならない、ドイツ人も戦争の犠牲者である、重要なことは、責任を忘れてはならないということである、我々は、歴史を歪曲しようとする試みに対してはあらゆる手段をもって戦う、我々は、原因とその原因によってもたらされた出来事との関係が捻じ曲げられることも容認しない」など、ＮＰＤの主張に対し、改めて反論している。

ドイツにおいては、市民も積極的に歴史問題の議論に関与する。上述のＮＰＤの呼び掛けたドレスデンにおける「葬送行進」に対しても市民が口笛などで抗議し、ヒットラーに抵抗したミュンヘンにおける「白バラ」の行動を想起し、市民としての勇気及び寛容の精神の象徴である白いバラを胸につけて対抗した。

２００５年5月8日、ケーラー大統領は連邦議会本会議場で終戦60年式典において演説した。その中で、「ドイツは12年間のナチス独裁とドイツ人が世界にもたらした不幸を忘れない。……しかし我々は、ドイツという国をその全体の歴史の中で見つめる。そのことにより我々は、１９３３年から１９４５年の間の倫理的廃墟から抜け出すために、いかに多くの『良いこと』に言及することができるかを認識することができる。ドイツ民族のアイデンティティは、我々の全ての歴史により決定される。歴史の一部を除去しようとする者は、ドイツを冒瀆するものである」など述べ、歴史を直視する必要性を強調した。ケーラー大統領はまた、当時法王ベネディクト16世がドイツから選ばれたことに関し、「このことは、今日のドイツが（世界の中で）どのように評価されているかを示すものである」と述べているが、これは、戦後ドイツの努力の成果に対する素直な喜びの表現であった。ベネディクト16世は、2006年5月28日、ポーランドのアウシュヴィッツ強制収容所跡を訪問し、ナチスに殺害されたユダヤ人等に追悼の祈りを捧げた。ポーランド各地で行われたミサには多くの信者が集まったが、ドイツ出身の法王のポーランド訪問は、ドイツとポーランドの和解を示す新たな象徴となった。

2005年は、ドイツにとっては過去を思い起こす節目の年であった。10月30日の日曜、ドレスデンの聖母教会の再建を記念するミサが内外の賓客を招いて執り行われた。塔先端の金色の円錐部分及び十字架は、当時爆撃に参加した英国より贈られたものであった[61]。

NPDは、当局よりの継続的監視（ドイツではナチスの人種政策を支持するなど、ドイツの憲法秩序に抵触する政治活動は禁止されている）、内部対立、資金難などによりその勢力は衰えており、現在（2020年6月時点）ではドイツ16州の議会のいずれにおいても議席を有していない。

しかしながら、ドイツにおいては新たに「ドイツのための選択肢」（Alternative für Deutschland-AfD）の躍進が懸念と議論を呼んでいる。AfDは2013年、ギリシャに端を発した2010年の欧州通貨危機に対するドイツ政府及びEUの政策への批判を背景に組織され、当初は、過激主義的議論から距離を置く努力もうかがわれた。しかしその後、党の路線をめぐって権力闘争が続き、穏健派は次第に排除され、現在では難民受けいれに批判的な民族主義的な右派ポピュリスト政党としての色彩を強めている。同党は、２０１４年に欧州議会に進出し、政治的突破口を開き、２０１５年以降深刻化した難民問題を追い風に特に旧東ドイツにおいて支持を強めた。２０１７年9月24日の連邦議会選挙では12・6％の得票率を達成し、初めて連邦議会に進出（７０９議席のうち94議席を獲得）したのみならず、第3党としての地位を獲得し、既成各政党に大きな衝撃を与えた。また、２０１８年10月14日のバイエルン州では10・2％、同月28日のヘッセン州議会選挙では13・1％の得票率を達成し、州議会への進出を果たした。その結果、AfDは現在、ドイツの16の州議会全てに議席を持つに至っている。

AfDの現在の代表は、イェルク・モイテン及びティノ・クルパラの2名であるが、名誉党首のアレクサンダー・ガウラントは、従来からしばしば民族主義的発言を行ってきており、AfDが今後とも民族主義的、過激主義的な傾向を強めていくことが懸念されている。２０１８年8月26日深夜、旧東ドイツのケムニッツ市でキューバ系ドイツ人がイラク系及びシリア系の難民申請者にナイフで刺殺されるという事件が発生した。この事件は、直ちにネット等により広まり、右派過激派が中心となり難民受け入れに反対するデモが行われ、AfD関係者もネオナチやフーリガンとともに行進した。排外的な過激なスローガンが聞かれ、ナチ時代の敬礼なども一部見られたデモへのAfD関係者の参加は、同党の政治的立ち位置に対する問題意識及び懸念を改めて高めることとなっている。[62]

ドイツは、これまで見てきたとおり、過去を直視し、確固とした民主主義体制を築き上げ、フランスと共にＥＵの中心的役割を果たしてきた。ドイツは、メルケル首相のリーダーシップの下、人道的観点から2015年以降これまで150万人の難民を受け入れてきたが、難民問題はドイツ国内において深刻な亀裂をもたらし、特に旧東ドイツを中心に内政上の大きな争点となっており、ネオナチ的傾向も再度頭をもたげつつある。NPDの場合には、ネオナチ的議論が前面に出ていたが、AfDの場合にはネオナチ的議論が反難民の議論等の陰に身を潜めつつ勢いを増していく危険があり、AfDの動向には今後とも十分注意していく必要がある。

9. 追記

2019年9月1日は、ドイツのポーランド侵攻により第二次世界大戦の火ぶたが切られた80周年に当たり、ポーランドのワルシャワで追想式典が行われ、ドイツのシュタインマイヤー大統領も参加しスピーチを行った。同スピーチは、過去の問題に対するドイツの姿勢を改めて明快に示しているので、その一部を引用したい。

・80年前、ドイツ人は残酷な戦争を開始した。この戦争はドイツの犯罪であった。
・過去は、終わっていない。時がたてばたつほど記憶は重要となる。武器の使用が終われば戦争は終わる。しかし、戦争の遺産は世代を超えて残る。ドイツ人は、この遺産を今後とも引き継いでいく。
・ドイツ人は、決して忘れない。ドイツ人がポーランド人に与えた傷を、ポーランド人家族の悲しみを、ポーランド人の抵抗の勇気を。

・二度とナショナリズムに陥らないということもドイツの責任の一つである。
・我々の父や母は、歴史から学んだ。彼らは、墓の下で和解の手を握った。共に将来に向けての善隣関係への道を見出した。
・私は、犠牲者の苦しみに対し、悲しみをもって頭を垂れる。
・私は、ドイツの歴史的罪に対して許しを請う。
・私は、私たちの責任を認識する。

1　ベルサイユ条約第231条は、戦争の責任はもっぱらドイツとその同盟国にありとして、ドイツの賠償義務を規定したが、その内容は極めて過酷であり、当時においても、米国政府や英国の経済学者ケインズなどからの批判を呼んだ。
林健太郎：ワイマール共和国　中公新書　56～60ページ

2　ミュンヘン大学の学生であったハンス及びソフィ・ショルは1942年の秋以降ナチス支配及び戦争を批判するビラを配るなどナチスへの抵抗を呼び掛けたが、1943年2月に秘密警察（ゲシュタポ）に逮捕され、処刑された。この活動は、「白いバラ」と呼ばれ、市民としての勇気（civil courage）の象徴となっている。

3　ナチス台頭の背景については、先に述べたドイツ国内における鬱積した感情に加え、「ワイマール共和国末期にドイツ民主主義と議会政治が破産していたこと、軍部と大資本家などの支配勢力の主流派がワイマール共和国を見捨ててナチス支持に廻っていたこと、大衆と中産階級が経済上窮迫して反逆的になっていたこと、とくにドイツの国力が充実したために支配勢力が新しい強力な政治経済体制を求めていたこと」などが指摘されている。
村瀬興雄：「ナチズム」　中公新書　189ページ

4　山口定：「ファシズム」　岩波現代文庫　65～67ページ

5　名称は、「国民と帝国の困難を取り除くための法律」（"Gesetz zur Behebung der Not von Volk und

Reich")

6 ポーランド軍事侵攻1週間前の8月23日、ドイツとソ連は不可侵条約を締結したが、同時に署名された秘密協定（モロトフ・リッペントロップ協定）において、両国は、ポーランド、バルト諸国などにおける相互の勢力圏の範囲を確認していた。

7 ソ連は、第二次世界大戦後、ソ連の西側国境（ソ連・ポーランド国境）として、戦争前の線より西側に位置する国境線を主張した。これにより、ポーランド東側領域の一部はソ連に吸収されることとなったため、ポーランドに対する代償として、ポーランドの西側国境が、オーデル川とナイセ川の線まで西側に移動された。また、ドイツの飛び地であった東プロシャは、ポーランドとソ連の管理下に置かれた〔この措置により、ソ連は不凍港（ドイツ名ケーニヒスベルグ、現在のカリニングラード）を手に入れた〕。以上の措置は、１９４５年8月2日のポツダム協定上は、「平和条約による最終的解決までの間の措置」と規定されたが、事実上、ドイツ東方領域のポーランド及びソ連への割譲を意味することとなった。東方領域を除いた領域は、東西ドイツに分断されたが、１９９０年10月3日に再統一された。

8 この条約は、１９５２年5月に署名されたが、安全保障にかかわる事項等についてフランス議会の承認が得られず、一部再交渉の結果、１９５４年10月に改めて署名され、翌年5月5日に発効した。

9 東ドイツは、東側の安全保障体制（ワルシャワ条約機構）に組み込まれた。

10 Article 2
In view of the international situation, which has so far prevented the re-unification of Germany and the conclusion of a peace settlement, the Three Powers retain the rights and the responsibilities, heretofore exercised or held by them, relating to Berlin and to Germany as a whole, including the reunification of Germany and a peace settlement.（以下略）（英外務省資料：http://treaties.fco.gov.uk）

11 Article 5 Claims excluded from the Agreement
(2) Consideration of claims arising out of the second World War by countries which were at war with or were occupied by Germany during that war, and by nationals of such countries, against the Reich and agencies of the Reich, including costs of German occupation, credits acquired during occupation on clearing accounts and claims against the Reichskreditkassen shall be deferred until the final

settlement of the problem of reparation.（英外務省資料：http://treaties.fco.gov.uk）

12 Conference on Jewish Material Claims against Germany

13 ルクセンブルグ、ノルウェー、デンマーク、ギリシャ、オランダ、フランス、ベルギー、オーストリア、イタリア、スイス、英国、スウェーデン。

14 ドイツの戦後処理については以下の資料による。
ドイツ外務省：Entschädigung für NS-Unrecht
ドイツ財務省：Entschädigung von NS-Unrecht

15 西ドイツにおいては1969年に社会民主党のブラント政権が誕生。ブラント首相の「東方政策（Ostpolitik）」により、西ドイツはポーランド（1970年）、チェコスロバキア（当時。1973年）など東欧諸国との関係を正常化し、外交関係を樹立した。

16 ドイツにおいては政治難民の受け入れは基本法（憲法）上の要請となっている。
第16条a　政治的に追われている者は、亡命の権利を有する。

17 条約交渉は、東西両ドイツ並びに米国、英国、フランス及びソ連（当時）との間で行われたため、2プラス4条約と呼ばれた。本条約は、1990年9月12日に署名され、1991年3月15日に発効した。
また、両ドイツ間の関係（統一の内的側面）を定めた両独間の統一条約は、1990年8月31日に署名され9月29日に発効した。

18 拙著「神のマントが翻るとき　東西ドイツ統一と冷戦構造の崩壊」2010年　ランダムハウスジャパン　14ページ

19 統一条約の実施及び解釈に関する1990年9月18日付両独間合意（両独間統一条約と同日に発効）第2条

20 記憶、責任及び未来基金ホームページ（https://www.stiftung-evz.de/eng/the-foundation/history.html）

21 前掲ドイツ財務省：Entschädigung von NS-Unrecht

22 www.bpb.de

23 財団名はそれぞれ次のとおり。コンラート・アデナウアー財団、ハンス・ザイデル財団、フリードリッヒ・エーベルト財団、フリードリッヒ・ナウマン財団

24 この講義録は、1946年にすでに刊行された。本稿においては適宜意訳や要約を行っているが、ヤスパースの引用は、以下による。
Karl Jaspers「Die Schuldfrage」1965 Piper Verlag

25 前掲ヤスパース　9ページ

26 同上　17ページ、35ページ

27 同上　11ページ

28 「犯罪」のドイツ語はVerbrechen。ヤスパースが「犯

罪」という場合には、「刑法上の罪」を意味している。

29 起訴されたのは24名であるが、ヒットラーの副官であったボルマンは、終戦数日前に既に死んでおり、ドイツ労働戦線指導者であったライは公判開始前に独房で自殺した。なお、22名の内クルップについては審理能力欠如という理由で審理プロセスからはずされた。アンネッテ・ワインケ「ニュルンベルグ裁判」中公新書　38ページ、40~43ページ、48ページ、57ページ、86ページ

30 前掲ヤスパース　45~46ページ

31 難しい言葉であるが、私は、「神」を信じる者の宗教上の罪と理解している。例えば、キリスト教徒にとってはキリスト教徒としての神に対する罪となる。

32 同上　25~28ページ

33 Joachim Fest「Hitler Eine Biographie」Berlin Ullstein 1997、594~598ページ

34 ヒトラー暗殺の計画・未遂は40件余にのぼる旨指摘されている。
對馬達雄「ヒトラーに抵抗した人々」中公新書　iページ

35 前掲　對馬達雄　iiページ

36 前掲ヤスパース36~45ページ、48~49ページ

37 同上29ページ

38 同上39~40ページ

39 「今回は、戦争責任の問題は明白である。戦争はヒットラードイツにより引き起こされた」同上34ページ
「第一次世界大戦の場合とは異なり……今回の戦争はヒットラードイツにより開始された」　同上36ページ

40 同上86ページ

41 同上39ページ

42 同上68~74ページ

43 同上62~63ページ

44 同上94ページ

45 同上74ページ

46 同上89ページ

47 カール・ヤスパース:「戦争の罪を問う」　橋本文夫訳　平凡社　204ページ。訳者あとがきに続く福井一光の「解題—責罪の内に苦悩している理性」より

48 「日本はたしかに戦争犯罪は犯したかもしれません。しかし戦争をして戦争犯罪を犯さない国はなく、戦勝国も例外なく戦争犯罪を犯してきました。しかし日本の歴史にジェノサイドもホロコーストもありません。……何もかも一緒くたにして、日本とドイツの戦争を同じように扱うような馬鹿げた誤解はもうここいらで終わりにし、教育現場からも拭い去ってもらいたいと思います。」

前掲「新しい歴史教科書誕生!!」 28ページ
「いったい、ヨーロッパの中でいま、ドイツが侵略戦争をしたからといって問われていますか。あれはホロコーストが問われているだけで、侵略戦争をドイツがしたといってそれを問責する声はヨーロッパ内に全然ありません。侵略戦争はお互いさまなんだから。フランスもやり、イギリスもやって、ずーっとやってきているんですから。戦争すりゃ侵略に決まってるんですから。だけれども、ホロコースト、ナチスのユダヤ人大量虐殺は別案件だから、これは非難されているけれども、侵略戦争が問題にされることはないんですよ。ヨーロッパでは」 同上１０２ページ
「私たちは謝る必要はない。罪を犯したわけでも何でもない。正当に戦ってみんな死んでいった。」 同上２５３ページ
「ナチス・ドイツは、第二次世界大戦中、ユダヤ人の大量虐殺を行った。これをホロコーストとよび、戦場における戦争の犠牲者と区別される。これは、ナチス・ドイツが国家の意思として計画的に実行した犯罪で、戦闘による殺害ではない」
市販版「新しい歴史教科書」 扶桑社 ２８８ページ

49 ワイツゼッカー大統領

50 ニュルンベルグ裁判においては22名に対する判決が下された。内12名は、「平和に対する罪」を犯したと認定された。

51 前掲 ワインケ 84ページ、85ページ

52 ドイツ首相府プレス公表資料 Ｎｒ２５８／０１ ２００４年6月6日、シュレーダー首相のフランス、カーエン市におけるスピーチ

53 ２００４年8月1日、シュレーダー首相のポーランド、ワルシャワにおけるスピーチ

54 前記注48参照

55 例えば、シュレーダー首相は、２００５年5月17日のワルシャワの演説において「ドイツにより開始された戦争」と述べており、2日後の5月19日のナンシーにおける演説においては「ドイツ人により開始された戦争で、人々、特に欧州の人々に極めて大きな悲しみがもたらされた」と述べている。

56 上述のワイツゼッカー演説

57 ＮＰＤ：Nationaldemokratische Partei Deutschlands

58 ＮＰＤ党綱領、幹部の発言等

59 ＮＰＤのこれまでの動向に関する情報は、主として「政治教育のための連邦本部」ホームページに掲載されているイェナ大学Torsten Oppelland政治学教授の寄稿「Nationaldemokratische Partei Deutschlands」に基づいている。https://www.bpb.de/politik/grundf

ragen/parteien-in-deutschland/42205/npd

60 英国の都市コベントリーは、１９４０年11月18日ドイツ軍により空爆された。スペインの都市ゲルニカは、１９３７年４月26日、スペイン内戦中にドイツ軍により空爆された。

61 ２００５年10月31日 International Herald Tribune

62 ２０１８年９月１日付Spiegel誌（第36号）は、ケムニッツ事件について特集を掲載10～20ページ

第Ⅴ章
日韓関係について

1. 金大中政権と日韓関係

私は、2000年2月より2002年6月まで韓国に赴任する機会があったが、この新たな世紀の始めは、金大中（キムデジュン）大統領の下、日韓の友好関係が市民レベルに広く浸透を始める両国にとっての歴史的節目であった。日韓両国は、1951年10月20日に開催された予備会談を皮切りに関係正常化のための協議・交渉を開始した。しかしながら、1910年から1945年までの日本の植民地時代の様々な苦痛の記憶が残されている韓国との協議・交渉は困難を極め、14年後の1965年6月22日、両国はようやく日韓基本条約を署名し、戦後の新たな関係のスタートを切った。基本条約とともに、「財産及び請求権に関する問題の解決並びに経済協力に関する協定」が署名された。日本は、韓国とは交戦状態にはなかったので、韓国は「賠償」の対象とはならなかった。しかしながら、植民地支配による韓国の損害と苦痛に対し、3億ドル相当の日本の生産物及び役務を無償で、また2億ドル相当の長期低利の貸し付けを供与することが合意された（第1条1a及び1b）。日韓両国は、この協定により両国及び両国民間の請求権に関する問題が完全かつ最終的に解決されたこととなる旨確認した（第2条1）。

第I章で見たとおり、基本条約署名後も紆余曲折があったが、両国関係は、1998年10月の金大中大統領の訪日及び同訪問に際し合意された日韓共同宣言以降大きく進展した。10月8日に公表された日韓共同宣言第2項は次のとおり、両国が過去を直視し相互理解と信頼に基づいた未来志向的な関係を発展させていくことが重要であることを強調した。

「両首脳は、日韓両国が21世紀の確固たる善隣友好協力関係を構築していくためには、両国が過去を直視し相互理解と信頼に基づいた関係を発展させていくことが重要であることにつき意見の一致をみた。

小渕総理大臣は、今世紀の日韓両国関係を回顧し、我が国が過去の一時期韓国国民に対し植民地支配により多大の損害と苦痛を与えたという歴史的事実を謙虚に受け止め、これに対し、痛切な反省と心からのお詫びを述べた。

金大中大統領は、かかる小渕総理大臣の歴史認識を真摯に受けとめ、これを評価すると同時に、両国が過去の不幸な歴史を乗り越えて和解と善隣友好協力に基づいた未来志向的な関係を発展させるためにお互いに努力することが時代の要請である旨表明した。

また、両首脳は、両国国民、特に若い世代が歴史への認識を深めることが重要であることについて見解を共有し、そのために多くの関心と努力が払われる必要がある旨強調した。」

この共同宣言以降、日韓関係は、（イ）韓国における日本文化の開放、（ロ）２００２年のサッカー・ワールドカップの共同開催、（ハ）日本に広まった韓国ドラマ、K-ポップなどの韓流ブーム及び（ニ）市民の相互訪問の拡大により飛躍的に親密度を増した。

両国関係緊密化の原動力となったのは、市民レベルの相互理解の高まりであった。韓国においては日本のアニメ、映画、J-ポップ等への関心は既に高まっていたが、植民地時代の日本の皇民化政策に対する記憶や韓国の文化産業育成などの観点より日本映画や日本語歌謡などの韓国への流入は規制されていた。金大中大統領は、国民レベルにおける相互の親近感を高めるために1998年10月、1999年9月及び2000年6月と三次にわたり日本文化開放の措置をとった。[1] その後、日韓間には教科書問題や靖国神社問題が懸案として浮上し、緊張が高まったが、盧武鉉（ノムヒョン）大統領政権下においても2004年1月に第4次日本文化開放措置がとられ、映画はすべて開放された。日本語の歌のCDやゲームソフトの販売も開放された。テレビにおいても順次日本の番組の開放が進んだ。

日本においては、韓国のテレビドラマ「冬のソナタ」が2003年にNHKのBSで、また2004年4月からは地上波で放映され、大ヒットとなった。「冬ソナ」をきっかけに韓国ドラマ及びK-ポップが多くの日本人を魅了し、韓流ブームが沸き起こった。韓国における日本文化の開放及び日本における韓流ブームは、両国民の心を近づけ、日韓友好の気運を大きく高めた。

文化面において日韓関係が新たな局面を迎えていた中、日韓両国は2002年、サッカー・ワールドカップ史上初めての共同開催を成功裏に実施した。2002年は、ワールドカップ共同開催を記念して日韓国民交流年に指定され、両国各地で840件[2]にのぼる文化交流事業が実施された。高円宮殿下及び妃殿下が皇室として韓国を初めて公式訪問され、ソウル、慶州、釜山各地で韓国の生活や文化に触れられ、多くの市民とお会いになられた。[3] 韓国の人々は、両殿下の韓国御訪問を日韓関係の新たなページを開くものとして歓迎した。殿下の思いがけない急逝は、多くの人々に惜しまれた。

2. 2001年の教科書問題及び靖国神社問題

日韓関係に横たわる主たる懸案は歴史と竹島の問題である。この重要懸案について日韓両国政府が適切に対応できれば、両国の信頼関係は強化される。もとより、隣国同士であるため、政治、経済分野を含め解決や調整が必要な課題はこれからも絶えることはないであろうが、基本的な信頼関係が構築されれば、冷静かつ実務的に諸問題の解決が可能となり、友好協力関係は円滑に進む。日韓両国は、1998年の日韓共同宣言の発出以降、歴史問題に終止符を打ち、未来志向的な関係を築くための具体的努力を強化してきた。

しかしながら、第Ⅱ章でみたとおり、2001年4月3日に政府とは異なる歴史認識を基調とする中学校用歴史教科書が検定に合格し、また、小泉総理が同年8月13日以降任期中に毎年靖国神社参拝を継続し、歴史問題は再び両国関係を揺さぶることとなった。日韓両国は、関係改善に向けての流れが可能な限り損なわれないよう努力を払い、2001年10月15日の小泉総理と金大中（キム デジュン）大統領との間の日韓首脳会談においては、「正確な歴史事実と歴史認識に関する相互理解の促進」のため、歴史問題についての専門家による協議の場の設置を合意した。2004年7月に済州島で行われた小泉総理と盧武鉉大統領との首脳会談においては、未来志向的関係構築の重要性が強調され、盧武鉉大統領は、歴史問題については「任期中には公式的には提起しない方針である」[4]旨述べた。

3. 2005年の竹島問題

日韓両国は、関係安定化のための努力を継続したが、竹島の島根県編入100周年に当たる2005年、島根県議会で「竹島の日」条例が可決され（3月16日）、両国に再度緊張が高まった。また、4月5日には「新しい歴史教科書をつくる会」が主導した扶桑社の中学校の歴史教科書が再度検定に合格し、中国及び韓国よりの批判が高まった。

竹島に関しては、日本は、古くから竹島の存在を認識しており、遅くとも17世紀半ばには我が国の竹島に対する領有権は確立していたと考えており、1905年（明治38年）1月の閣議決定により竹島を島根県に編入し、領有意思を再確認するとともに、主権の行使を他国の抗議を受けることなく平穏かつ継続して行った。このような経緯からも、日本にとって竹島は、歴史的事実に照らしても、かつ国際法上も明らかに日本固有の領土である。[5]

しかしながら、韓国も竹島（韓国名は独島）に対する領有権を主張しており、戦後の1952年1月18日、韓国は「隣接海洋に関する主権宣言」を行い、一方的に韓国周辺海域に「李承晩（イスンマン）ライン」を設定し、竹島はその内側（韓国側）に取り込まれた。以来、竹島問題は日韓間の懸案となったが、韓国は、日本が第一次日韓協約（1904年）、第二次日韓協約（1905年）、第三次日韓協約（1907年）、韓国併合（1910年）と韓国への支配を強め、韓国を植民地化する過程で竹島を領有したと認識しており、竹島問題は、韓国においては歴史問題と不可分の関係にある。日本は、１９０５年に竹島を島根県に編入したが、韓国から見れば、韓国は当時このような日本側の措置に抗議・対抗できるような立場にはなかった。盧武鉉大統領は、前述のとおり２００４年、歴史問題については「任期中には公式的には提起しない方針である」旨表明していたが、島根県の条例制定は韓国に対する新たな深刻な挑発と認識され、改めて竹島問題を含め歴史問題を重視する姿勢を強調するに至った（盧武鉉大統領の韓国国民に対する声明。２００５年3月23日）。日韓関係においては再度緊張が高まり、その後の関係に影を落とすこととなったが、２００５年6月の小泉総理の訪韓など累次の首脳会談をはじめとする日韓両政府の努力により、両国は、２００５年の「危機」にもかかわらず、関係の一層の悪化に歯止めをかけることができた。２００８年2月25日には李明博（イミョンバク）大統領が就任した。同大統領は同日、外国首脳との最初の首脳会談を就任式典に出席した福田康夫総理と行ったが、これは、日本で生まれた知日かつ親日家である同大統領の日韓関係改善に向けての強い気持ちを示すものと受け止められた。同年4月、李明博大統領が訪日し、福田総理と会談した。両首脳は、「日韓両国が歴史を直視し、未来に対するビジョンを持ち、国際社会に共に寄与していくことにより、両国関係を一層成熟したパートナーシップ関係に拡大し、『日韓新時代』を切り拓いていくとの決意」を表明した。[6]

4. 日韓市民の交流拡大と親近感の高まり

1998年以降の日韓関係は、紆余曲折はあったものの、両国政府の努力にも支えられ、大きな流れとしては順調に進展した。その背景としては、日韓双方において日韓関係を一層強固なものとしなくてはならないとの意思が存在していたことと共に一定の信頼関係及び親近感が醸成されていたことが指摘できよう。

日韓間の人的往来は、1998年には267万人であったが、1999年には300万人、2004年には400万人、また2010年には500万人を超えた。

日韓両国における相互の親近感も高まった。日韓共同宣言の翌年の1999年には、わずかの差ではあったが1988年（ソウル・オリンピックの年）以来初めて日本において韓国に「親しみを感じる」人が「親しみを感じない」人を上回り[7]、この傾向は、2011年まで12年間続いた。2009年には63・1%が韓国に対して親しみを感じていた。

5. 日韓関係の新たな危機

日韓関係は、2011年以降、慰安婦問題及び竹島問題に端を発し、深刻な危機に直面し、2018

［内閣府：平成30年度外交に関する世論調査］

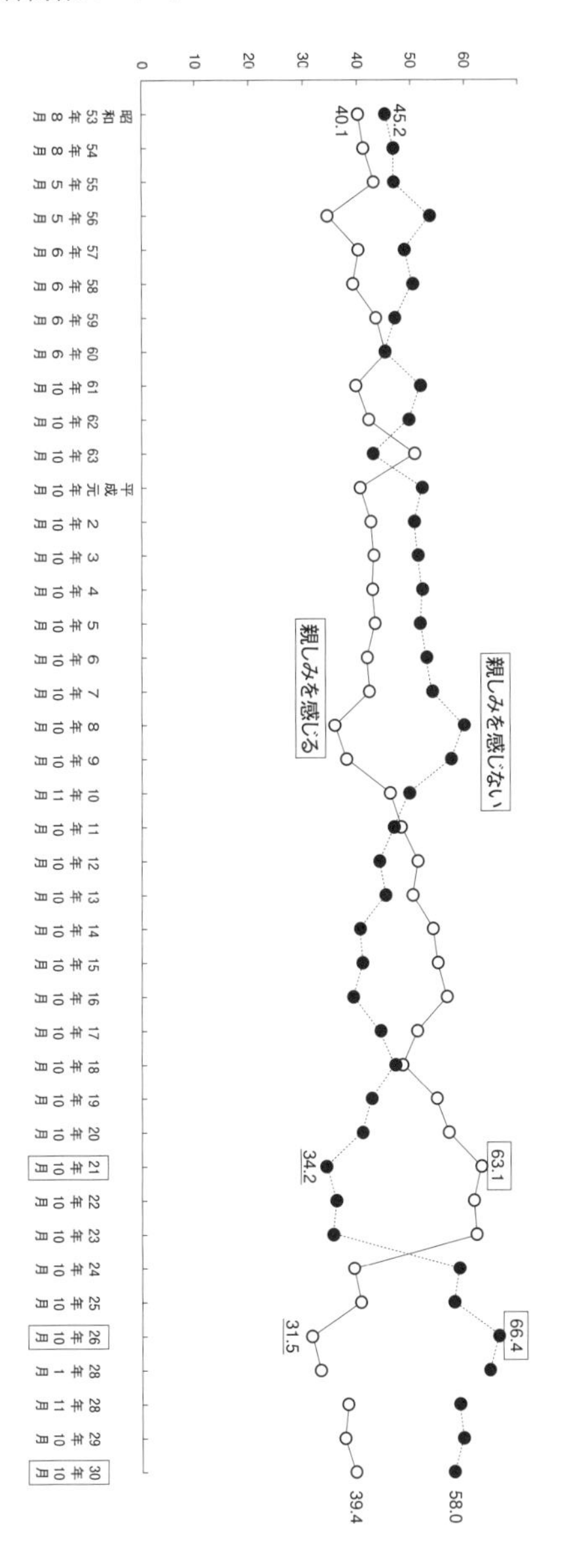

年10月以降は徴用工の問題も新たに加わり、今日においても未だ関係修復に向けての出口の見えない状況が続いている。日韓関係の新たな葛藤をもたらすこととなった経緯を振り返ってみたい。

(1) 慰安婦問題の顕在化[8]

1　女性のためのアジア平和国民基金の設立

慰安婦問題は、1991年8月14日に韓国で元慰安婦(金学順(キムハクスン))が初めて名乗り出て顕在化した。日本政府は、慰安婦問題を含め過去に係わる問題は法的には全て1965年の「財産及び請求権に関する問題の解決並びに経済協力に関する協定」において解決済みであるという立場を堅持したが、この問題が女性の尊厳にかかわるものであり、国際的にも大きな関心を呼んだことから、日本の法的立場を損なうことがないよう配慮しつつも人道的見地から解決の道を探るべく、元慰安婦の方々からの聞き取り[9]を含め調査を進め、[10]1993年8月4日、河野官房長官が要点次のとおりの談話を発表した(河野談話)。

「(前略)今次調査の結果、長期に、かつ広範な地域にわたって慰安所が設置され、数多くの慰安婦が存在したことが認められた。慰安所は、当時の軍当局の要請により設営されたものであり、慰安所の設置、管理及び慰安婦の移送については、旧日本軍が直接あるいは間接にこれに関与した。慰安婦の募集については、軍の要請を受けた業者が主としてこれに当たったが、その場合も甘言、強圧によるなど、本人たちの意思に反して集められた事例が数多くあり、更に、官憲等が直接これに加担したこともあったことが明らかになった。また、慰安所における生活は、強制的な状況の下での痛ましいものであった。

なお、戦地に移送された慰安婦の出身地については、日本を別とすれば、朝鮮半島が大きな比重を占めていたが、当時の朝鮮半島は我が国の統治下にあり、その募集、移送、管理等も、甘言、強圧による等、総じて本人たちの意思に反して行われた。[11]（以下略）」

この談話を踏まえ、1995年6月14日、当時の社会、自民及びさきがけの連立政権は要点以下のとおりの「女性のためのアジア平和国民基金」による事業を発表した。

元従軍慰安婦の方々のため国民、政府協力のもとに次のことを行う。

（ア）国民的な償いを行うための資金を民間から基金が募集する。

（イ）医療、福祉などの事業を行うものに対し、政府の資金等により基金が支援する。

（ウ）事業を実施する折、政府は国としての率直な反省とお詫びの気持ちを表明する。

（エ）政府は、過去の従軍慰安婦の資料を整えて、歴史の教訓とする。

（オ）女性の名誉と尊厳に関わる事業として、前記（イ）にあわせ、女性に対する暴力など今日的な問題に対応するための事業を行うものに対し、政府の資金等により基金が支援する。

この方針を踏まえ、翌1996年8月よりフィリピンを皮切りに「基金」事業が開始された。支給額は、民間による寄付を原資とする「償い金」（200万円）及び政府拠出金を原資とする「医療・福祉支援事業」（300万円）合わせ一人当たり500万円であった（ただしフィリピンについては物価水準を踏まえ一人当たり総額は320万円であった)。これらを受け取った全ての元慰安婦に対し、当時の総理の署名入りの[12]「お詫びの手紙」をお渡しした。

総理のお詫びの手紙の内容は、次のとおりであった。

拝啓 このたび、政府と国民が協力して進めている「女性のためのアジア平和国民基金」を通じ、元従軍慰安婦の方々へのわが国の国民的な償いが行われるに際し、私の気持ちを表明させていただきます。

いわゆる従軍慰安婦問題は、当時の軍の関与の下に、多数の女性の名誉と尊厳を深く傷つけた問題でございました。私は、日本国の内閣総理大臣として改めて、いわゆる従軍慰安婦として数多の苦痛を経験され、心身にわたり癒しがたい傷を負われたすべての方々に対し、心からおわびと反省の気持ちを申し上げます。

我々は、過去の重みからも未来への責任からも逃げるわけにはまいりません。わが国としては、道義的な責任を痛感しつつ、おわびと反省の気持ちを踏まえ、過去の歴史を直視し、正しく後世に伝えるとともに、いわれなき暴力など女性の名誉と尊厳に関わる諸問題にも積極的に取り組んでいかなくてはならないと考えております。末筆ながら、皆様方のこれからの人生が安らかなものとなりますよう、心からお祈りしております。

敬具

日本国内閣総理大臣

「償い金」及び「医療・福祉支援事業」は、２００２年9月末に終了し、最終的事業実施数は、韓国61名、フィリピン２１１名及び台湾13名の２８５名であった。「基金」には、基本財産への寄付を含め約６億円の募金が集まり、日本政府は、インドネシアでの事業[13]全体が終了する２００７年３月末までに拠出金・補助金あわせ約48億円を支出した。

「基金」事業は、フィリピン、インドネシア及びオランダでは相手国政府や関連団体等からの理解や肯定的な評価の下で実施できた。しかしながら、韓国においては挺身隊問題対策協議会（以下挺対協）等の関連団体が「基金」を日本政府ではなく民間団体の「基金」であると位置付け、日本は政府として責任を果たそうとしていないなど、日本政府及び「基金」の取り組みを批判した。韓国政府も、被害者支援団体等の強硬な姿勢の前に日本政府に対する「評価」の姿勢を表立って維持していくことは困難となった。韓国では、挺隊協などが元慰安婦の方々に「基金」の事業を受け入れないよう強く圧力をかけ、元慰安婦の方々は、「基金」事業受け入れを了承された場合においても、これが表に明らかにならないように対応せざるを得なかった。「基金」事業を受け取った元慰安婦からは理解と和解の言葉が聞かれるなど評価も得られたが、韓国における基金事業は、政府や関連団体等からの理解は得ることができないまま推移した。

２　「女性のためのアジア平和国民基金」活動についての私見

個人的には、韓国において挺対協などの一部の強い反対と批判の結果、上記「女性のためのアジア平和国民基金」の事業をもって問題解決を図ることが出来なかったことを極めて残念に感じている。

もとより、挺対協を含め、韓国における慰安婦支援団体関係者の心情に対しては今後とも可能な限り理解を深めていく努力は必要であろう。これらの人々の一部は、日本における歴史認識をめぐる議論により日本に対する不信感を高め、また、「強制連行の事実はなかった」、「慰安婦は売春婦であった」など慰安婦問題に関し日本から聞こえてくる主張[14]に傷つき、日本に対する否定的評価を拭い去ることができなかったのであろうし、今でも拭い去ることができないものと思われる。

しかしながら、日本国内の一部の声に対する不信感や否定的感情を背景に日本及び日本人全体を画一的に否定的に観念することについては、残念な気持ちを禁じ得ない。現実に、日本には過去の歴史を直視しようと努力し、また、韓国との友好協力関係の一層の強化を望んでいる多くの市民が存在する。そのような日本国民の善意や努力をも否定するような対応は、日本における反韓的言動が韓国における強硬派を勢いづけるのと同様に、日本における韓国に対する強硬な意見を強め、韓国との友情を育もうとする多くの人々を当惑させる。

1995年に発表された上記「女性のためのアジア平和国民基金」には、私の知っている多くの人たちも相当額の寄付を行ったが、この基金に対して韓国の慰安婦支援団体は、上記のとおり、「基金」を日本政府ではなく民間団体の「基金」であると位置付け、日本政府及び「基金」の取り組みを批判した。私としては、日本国民が負担する貢献が政府の貢献に比べて「勝る」ことはあっても「劣る」ものとはどうしても考えられない。個人では、中国戦線の兵士だったという81歳の会社社長が匿名で寄付した一千万円が最高額とされるが[15]、この寄付にも同人の真摯な気持ちが含まれていたのではないかと思う。基金の事業には政府の資金も使われており、また、もしも「日本政府の謝罪が必要である」ということであれば、日本政府としての「おわびと反省の気持ち」は上記「総理書簡」において明確に表現されている。基金を設立した当時の社会、自民、さきがけの連立政権は、過去の問題に真剣に向き合おうとした政権であり、同政権が国内の強硬派からの様々な批判の中で決定した政策をも真っ向から否定するような姿勢、また基金事業を受け入れようとした元慰安婦の方々に対するハラスメントは、あまりに感情的で現実感覚に欠けるものと感じられた。慰安婦問題について、韓国との関係においてもこの「基金」をもって当時進展をはかることができていれば、多くの元慰安婦の方々に対してより速やかに心の重荷を多少なりとも取り除くことができたのではないかと思う。[16]

3　慰安婦問題の複雑化（韓国憲法裁判所の決定と慰安婦像）

慰安婦問題は、韓国との関係においては引き続き「火種」を残したまま推移することとなったが、慰安婦問題が新たに深刻化する直接的なきっかけとなった要因は、2011年8月30日の韓国憲法裁判所の決定である。[17]韓国憲法裁判所は、（イ）慰安婦問題を含め過去の問題については1965年の「財産及び請求権に関する問題の解決並びに経済協力に関する日本国と大韓民国の協定」によりすべて解決済みであるとする日本政府と、慰安婦問題については同協定による解決はなされていないとする韓国政府との間で協定の解釈について争いがある、（ロ）解釈の相違がある以上、韓国政府は同協定の紛争解決の手続きに踏み出す義務がある、（ハ）韓国政府の不作為は慰安婦の基本権を侵害している、などの違憲決定を下した。この韓国憲法裁判所の決定に応えるため、韓国外交通商部は同年9

月15日、「違憲決定を謙虚に受け入れ、問題解決のために外交努力を傾ける」など表明し、日本政府に政府間協議を提案した。

問題を更に深刻化させたのは、同年12月14日に在韓国日本大使館前に設置された慰安婦像[18]である。この慰安婦像は、日本の反発を呼ぶと同時に、過去の歴史に対してできる限り真摯に取り組もうとしている多くの日本人をも落胆させることとなった。

慰安婦問題が両国において機微な問題として改めて浮上してきた中、12月18日、京都において野田総理及び李明博（イミョンバク）大統領との間で日韓首脳会談が開催された。両首脳が、日韓関係の将来を見据え、大所高所の観点からこの難題を乗り越えることが期待された。この首脳会談は、日韓の危機管理能力にとっての大きな試練となる会談でもあった。

李明博（イミョンバク）大統領は、政権発足以来、竹島問題などで摩擦が生じたときにも未来志向の日韓関係を強化するため日本批判を封印し[19]、歴史認識での積極的な発言を避けてきた[20]。しかしながら、京都の首脳会談においては、韓国憲法裁判所の決定を背景に、多くの時間を割いて慰安婦問題を積極的に取り上げ、同問題が法の前に国民の情緒、感情の問題であり、日本側の誠意ある対応を期待するなど指摘した[21]。これに対し野田総理は、この問題については「法的には既に決着済み」である旨述べると共に、ソウルの日本大使館前の慰安婦像の早期撤去を要請した。韓国側は、「法的に既に決着済みだ」との原則論を述べるだけではなく、韓国の状況をも踏まえ大統領の気持ちに応えるような親身な対応を日本側に期待していた模様であるが、両首脳の議論及び気持ちはかみ合わなかった[22]。李明博大統領は、日本側の対応を極めて冷淡かつそっけないものと受け止めた（韓国政府関係者によると、野田総理の対応に「大統領はキレた」[23]）感があり、以後歴史問題に対しての立場を硬化させていくこととなった。李明博大統領が、日本側が親身になって対応してくれたとの日本側の余裕ある気持ちを汲み取ることができなかったことは、李明博大統領が親日家であり[24]、日本との関係強化に強い意欲をもっていたこと、前述のとおり２００８年４月に福田総理が同大統領と未来志向的な日韓関係強化に向け「日韓新時代」を切り拓いていくとの決意を確認し合ったことに鑑みても残念なことであった。

韓国国内において「日本との関係が深い」大統領と認識されていた李明博大統領としては、「面子がつぶされた」との感を特に強く持つことになったのではないかと推察されるが、翌２０１２年３月１日の３・１独立運動記念日の演説で慰安婦問題について日本の姿勢を批判した。同大統領は「日本に強いフラストレーションを感じていた」ようであり[25]、国内における求心力低下も誘因となったと考えられるが、同年８月10日には慰安婦問題に対する日本の対応への失望感を表明しつつ[26]竹島に上陸した。李明博大統領の竹島上陸は日本側において大きな反発を呼び、日韓の友好及び協力関係強化に向けての流れは大きく損なわれることとなった。

４　慰安婦問題解決に向けての努力（２０１５年の日韓合意）と挫折

２０１２年12月16日の総選挙で自民党が勝利し、12月26日に第二次安倍政権が成立した。韓国においては２０１３年２月25日に朴槿恵（パククネ）大統領が就任した。両首脳は、両国関係修復の方途を模索し、２０１５年12月28日には慰安婦問題について合意を達成した。同日行われた岸田外務大臣と尹炳世（ユンビョンセ）外交部長官の共同記者会見において、（イ）日本政府による心からのお詫びと反省の意の表明、（ロ）韓国政府の設立する財団への日本政府による概ね10億円の供与、（ハ）日本大使館前の少女（慰安婦）像について韓国政府としても適切に解決されるよう努力する等の諸点が公表された。[27]

両国は、今回の発表をもってこの問題が最終的かつ不可逆的に解決されることを確認した。

本件合意については韓国与党を含め支持や評価も見られた一方、元慰安婦や関連団体を中心に事前の相談や調整がなかったことなどに対する反発や批判の声が聞かれ、[28]予断を許さない状況が続いたが、日韓両政府は本件合意を履行すべく努力を継続し、日本側は2016年8月31日、韓国が設置した「和解・癒し財団」に対して10億円の送金を完了した。[29]しかしながら、韓国においては2016年10月以降、朴槿恵（パククネ）大統領をめぐるスキャンダル[30]が国内政治を揺さぶり、同年12月9日には国会が朴槿恵大統領の弾劾訴追案を可決、2017年3月10日には韓国憲法裁判所が朴槿恵大統領の罷免を決定した。朴槿恵大統領の権威の失墜とともに、上記日韓合意に対する韓国内の評価も厳しさを増した。また、2016年12月31日には韓国市民団体により釜山の日本総領事館前に新たな慰安婦像が設置され、日本において韓国に対する大きな反発を生んだ。慰安婦問題は、日韓両国において先鋭化した。

このような状況の中、2017年5月9日の韓国における大統領選挙の結果、「共に民主党」の文在寅（ムンジェイン）候補が大統領に就任した。「共に民主党」は、野党時代から2015年の日韓合意を批判しており、新政権は、本合意が「両国間の公式合意であったことは否定できない」、「再交渉は求めない」[31]など指摘しつつも、「この合意では問題の解決に至らない」との立場[32]を表明した。２０１８年11月21日、韓国女性家族部は「和解・癒し財団」の解散を正式に発表した。河野外務大臣は、当日の記者会見において韓国側の措置に抗議するとともに日韓合意時点での生存者47人の内34人に、死亡者１９９人の内58人の遺族に資金が支給された旨、また多くの元慰安婦の方々から評価を得ている旨明らかにした。[33]

⑵ 徴用工問題への波及

慰安婦問題が迷走を続ける中、２０１８年10月30日、韓国大法院（最高裁）は、新日鉄住金の上告を棄却、４名の韓国徴用工に対し一人１億ウォンの支払いを命ずる第２審判決が確定し、徴用工の問題が日韓関係を新たに揺さぶることとなった。[34] 日本政府は、徴用工の問題については１９６５年の日韓請求権協定をめぐる交渉においても明示的に提起かつ議論されており、この問題は同協定において解決済みであるとの立場より、この判決に「極めて遺憾であり，断じて受け入れることはできません」（２０１８年10月30日外務大臣談話）など強く反発し、その後もこの問題について強硬な言動を続けた。他方、韓国においては、日本の姿勢及び発言は尊大かつ高飛車と受け取られ、植民地時代の加害者であった日本のこのような対応に反発が強まった。徴用工問題が感情的に拗れていく中、２０１９年7月及び8月の日本政府による対韓国輸出管理の強化は、韓国において唐突かつ屈辱的と受け取られ、韓国の市民感情が燃え上がり、この問題は両国世論を巻き込む形で先鋭化した。韓国政府は同年8月23日、日韓軍事情報包括保護協定（GSOMIA）を延長しない旨決定し、この方針は幸い11月22日に修正され、同協定は当面継続されることとなったが、日韓間の軋みは改善していない。特に、上述の２０１９年７月の日本の対韓国輸出管理強化の決定以降、日韓関係が両国市民を広く巻き込む形で先鋭化し、近年、様々な懸案や紆余曲折にもかかわらず順調な回復が見られていた観光など両国市民間の交流も急激に減少した。[35]

6. 将来に向けての日韓関係

(1) 冷静な対応の重要性

２０１１年以降の慰安婦問題の拗れ及び２０１８年以降の徴用工問題をめぐる対立は、両国間のメディアを通じて市民の関心をも大きく高め、市民レベルでも批判や偏見の応酬がみられた。

前記４．の内閣府調査が示しているとおり、日韓相互の国民感情は、２０１２年以降大きく悪化した。２０１４年においては日本人の66・４％が韓国に対して親しみを感じていない状況となり、その後多少回復の兆しが見られたものの、２０１９年10月の時点では親しみを感じていないとの声は71・５％に高まった（令和元年12月発表内閣府調査）。特定非営利活動法人言論ＮＰＯが２０１９年に行った第７回日韓共同世論調査の結果は次の図のとおりであるが、同調査の解説の中で述べられているとおり、同調査は日韓両国市民の心情面での大きな乖離を映し出している。この調査が実施されたのは５月から６月

第７回日韓共同世論調査（２０１９年）日韓世論比較結果（出典：特定非営利活動法人言論NPO）

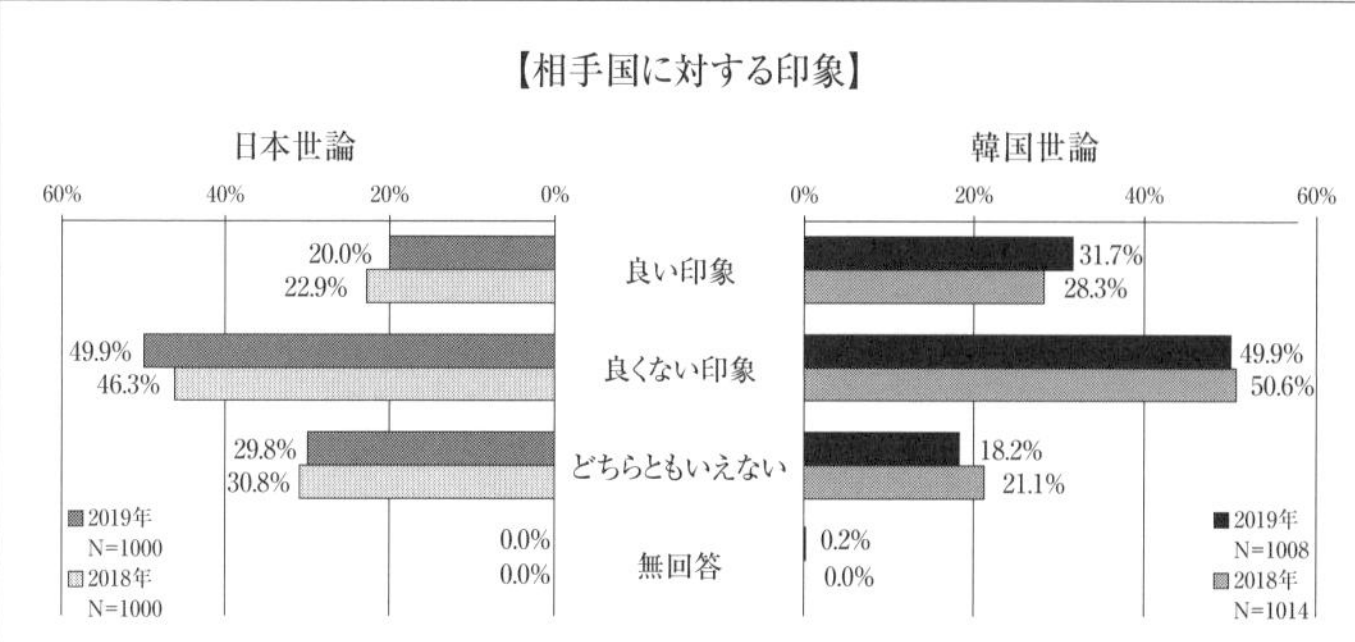

※良い印象は「良い」と「どちらかといえば良い」、悪い印象は「良くない」と「どちらかといえば良くない」をそれぞれ加えた数字

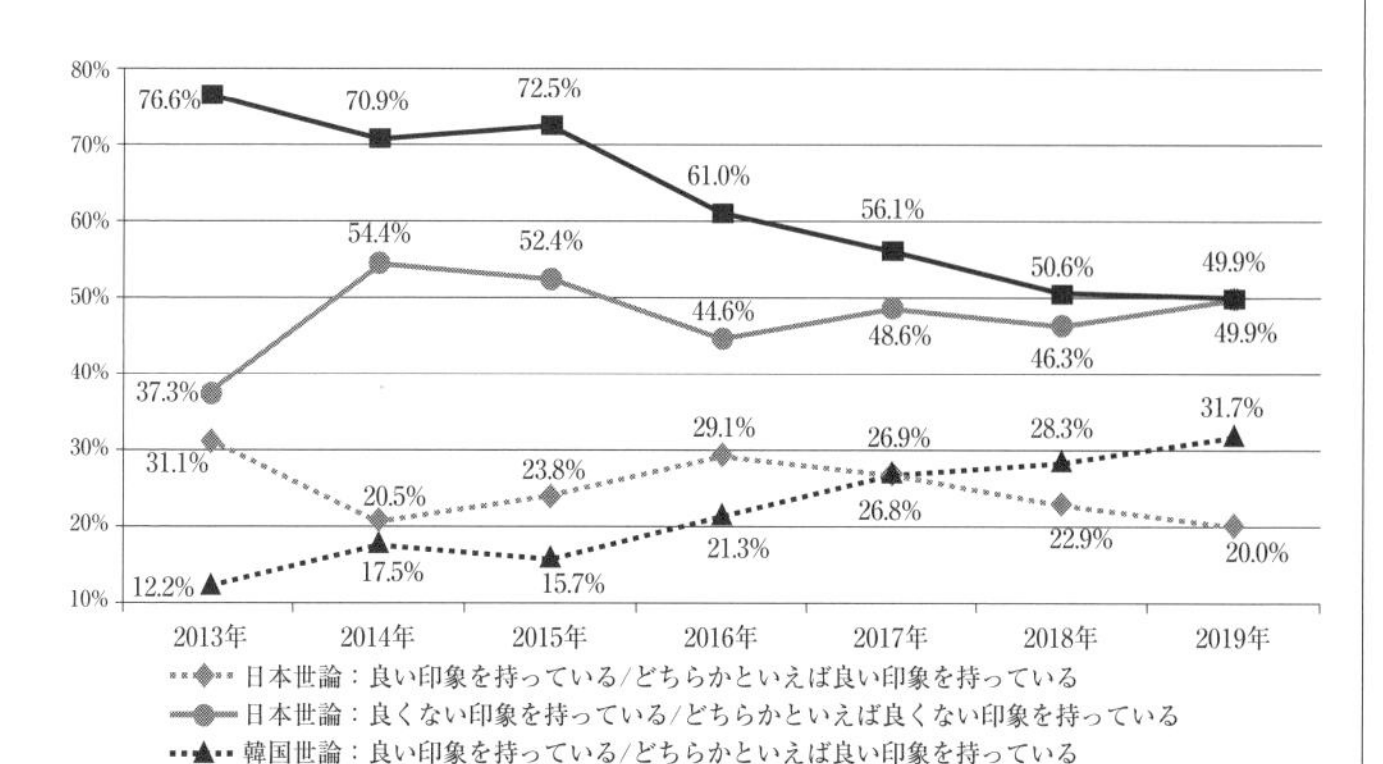

（解説の一部）

日本人が韓国にマイナスの印象を持つ理由として最も多いのが、「歴史問題などで日本を批判し続けるから」で、今回も52.1％と半数を上回っている。韓国人が日本にマイナスの印象を持つ理由は昨年同様、歴史問題と領土問題（独島）が半数を超えるが、今年は特に「韓国を侵略した歴史を正しく反省していない」が76.1％と昨年の70％を上回っており、歴史問題に反応している。

にかけてであり、7月以降の日本政府の輸出管理の強化により、日韓市民間の心情面の軋轢はより一層高まったと思われる。

両国関係において重要なことは相互の親近感及び信頼感を再び高めていくことである。政府レベルでは、通常の実務的な政府間関係（business as usual）を回復しなくてはならない。市民レベルでは、様々な交流を推進することにより、1998年以降見られた両国間の肯定的なダイナミズムを強化し、相互理解及び信頼関係を改めて深めていくことが重要である。

（2）心の通った関係の構築に向けて

日本と朝鮮半島は、一衣帯水の関係にあり、古代から広く交流が行われてきたことが様々な研究によって明らかにされている。韓国で暮らしていると、「初めて来たけど懐かしい」という標語どおりの思いに襲われることがあるが、日韓関係は、古くからの交流に培われた特別な関係であり、韓国は、日本にとって様々な観点から最も身近な外国である。埼玉県日高市には、高麗（コマ）神社が存在する。この神社は、高句麗からの渡来人高麗王若光（コマノコキシジャッコウ）を主祭神として祀る社であるが、このように、日本と朝鮮半島とのゆかりを持った神社も存在する。[36] 市民レベルで重要なことは、相互により深く知り合うことである。そのためにも広い開かれた気持ちで様々な交流を推進していくことが有意義である。相手を理解するということは、相手の立場をすべて受け入れるということでは必ずしもないが、相手の立場をより理解できれば、心もより通うこととなる。

日韓交流年前年の2001年12月28日の記者会見において、天皇陛下（現上皇陛下）は、「桓武天皇の生母が百済の武寧王の子孫であると、続日本紀に記されていることに、韓国とのゆかりを感じています」など韓国に対するお気持ちを述べられたが[37]、韓国の多くの人達も、日本に対して好意的な関心を持っていることが窺われ、私もドイツ、イスラエル、インドネシア等在外で暮らしている時、韓国の人達とは自然と緊密な友情を育むことができた。実際、日韓関係は緊密であり、姉妹都市交流も600以上存在する。

両国の国民間の感情を昂らせ、緊張をもたらす原因は歴史問題である。慰安婦問題が拗れるのも、また、最近では徴用工の問題が改めて提起されるのも、歴史問題についての両国間の相互理解が十分ではないためである。日本においては、歴史問題がいつまでも決着しないことについての苛立ちと失望がある。韓国においては、日本の要人等の発言により日本の誠実さに対する不信感がある。歴史問題についての相互の信頼感の欠如が、依然として日韓両国民間の真に心の通った関係の構築を妨げている。

韓国においては、大きな苦しみと災いをもたらした豊臣秀吉の二度にわたる朝鮮半島侵攻も良く知られており、植民地化への過程における日本の韓国に対する様々な圧力、行動及び植民地時代の苦しい記憶は、忘れられていない。日本が、皇民化政策を強化し、韓国語の使用を禁じ、創氏改名を実施し、神社遥拝を強要し、また戦争末期には韓国人も兵隊に召集され、特攻作戦で散った若者もいることは、世代が変わっても語り継がれている。

他方、植民地時代においても、日本人と韓国人の間に暖かな交流が存在していたことも事実であると思う。韓国で生活していた時、当時南米移住公社の社長をされていた金昌順（キムチャンスン）さんに週1回は同僚たちとともに食事に誘われ、和気あいあいの雰囲気の中で楽しい時間を過ごすことができた。韓国の家庭料理など韓国の味を韓国のお酒とともに堪能したが、このような時間を過ごしていると、数千年にわたり培われた日韓関係の特別な深さが感じられるようであった。金社長は、幼少の時には現在の北朝鮮にある小学校に通っていたが、当時担任は日本人の女性で「イトウ」先生という方だったそうである。金社長は、「イトウ」先生が金社長に他の日本人の生徒と分け隔てなく親身に指導してくれたこと、「イトウ」先生にしばしば優しく叱られたことを感謝と親しみの気持ちをもって常に懐かしそうに語っていた。金社長は、このような話をすると、韓国では「親日派」と非難されたり揶揄されたりすると笑いながら述べていた。日本が、植民地時代に韓国が被った苦しみを理解しようとせず、植民地政策を美化し正当化しようとする限り、日韓間に真の信頼関係を構築することは困難である。しかし、日韓両国が歴史問題を乗り越えることができれば、日韓の不幸な時代においても存在したであろう人と人との暖かな交流も、われわれの記憶に素直な形でよみがえり得るのではないかと思う。

日本と韓国は、政治的及び経済的価値観を共有する相互にかけがえのないパートナである。長期にわたる安定的な日韓関係を構築するためには、お互いに気持ちが通じ、信頼感を持てるような関係を強化していかなくてはならない。一方的な法律論や高飛車な姿勢で長期的な安定を図ることはできない。お互いに人間としての連帯感を育むためにも、過去の歴史を含めより一層知り合い、理解し合うための努力が継続されなくてはならない。

最近の明るい要因の一つは、若い世代の感覚である。先に紹介した内閣府世論調査においては、２０１８年10月、日本人の58％が韓国に「親しみを感じていない」と回答したが、18歳から29歳までの若い世代においては「親しみを感じていない」と回答したのは41・４％であり、57・４％が「親しみを感じている」と回答した。２０１９年10月調査では、「親しみを感じていない」と回答したのは全体で71・５％、若い世代においても52・４％と過半数を超え、最近の両国関係の深刻さが反映された形となったが、それでも若い世代の45・７％は韓国に「親しみを感じている」と回答した。

日韓関係は、「両国やアジア太平洋地域にとって重要だと思いますか」との問いに対し、「重要だと思う」との回答は、全体としては２０１８年10月の69・８％から２０１９年10月には57・５％に低下したが、若い世代においては、２０１８年（78・７％）に比べ低下はしたものの、２０１９年においても依然として72％と高い評価が見られた。

また、最近では韓国の文学に対する関心も高まっており、２０１９年文芸（河出書房）秋季号は、「韓国・フェミニズム・日本」との表題の韓国文学特集を掲載したが、チョ・ナムジュ氏の「83年生れキム・ジヨン」などはすでに多くの日本の読者の心をつかんでいるようである。

現在の日韓関係の停滞にもかかわらず、多くの市民レベルの交流も進められている。２０１９年９月28日及び29日に東京日比谷公園で開催された「日韓交流お祭り」にも多くの市民が訪れた。

２００１年１月26日、新大久保駅で線路に落ちた人を助けようとして韓国人留学生李秀賢（イスヒョン）さんが電車にはねられ亡くなった。[38] 一人息子のこの痛ましい事故は、御両親に大きな悲しみをもたらしたが、御両親は、母国と日本の懸け橋になろうという李秀賢さんと同じ志を持って日本の日本語学校に学ぶアジア諸国からの留学生を経済面で支援する奨学金事業を立ち上げ、これまで900名以上の留学生に奨学金を付与してきた。2019年、御父様の李盛大(イソンデ)様が亡くなられたが、現在、御母様の辛潤賛(シンユンチャン)様を中心に日韓の多くの市民が李秀賢さんの御遺志を引き継ぎ日韓友好の懸け橋として尽力している。

私たち市民としては、このような市民の交流や努力を一層強化していくことが重要である。理解及び交流を更に深めることにより心情をも一層共有できれば、多くの問題の解決や緩和につながり、両国関係は強固なものとなる。アジアの一層の安定にも資することとなる。

1 金大中政権による文化開放政策(概要)(外務省資料等による)
第一次開放(1998年10月20日)
映画:日韓共同制作作品、4大国際映画祭(カンヌ、ベニス、ベルリン、アカデミー)受賞作品
出版:日本語版漫画本及び漫画雑誌
第二次開放(1999年9月10日)
映画:劇場用アニメを除く大部分の映画(70大映画祭入賞作、年齢制限のない「全体閲覧可」に分類される作品)
歌謡公演:2000席以下の室内公演場での歌謡公演
第三次開放(2000年6月27日)
映画:「18歳未満観覧不可」の作品以外すべて(劇場用アニメは除く)及び国際映画祭で受賞した劇場用アニメ(以上が金大中政権の下の文化開放)
第四次開放(2004年1月1日)
「18歳未満観覧不可」の作品を含め映画の全面開放
日本語の歌のCDやゲームソフトの販売も開放

2 2003年外交青書

3 両殿下の韓国御訪問については「高円宮殿下が見た韓国」(東洋経済日報社)に詳しく記されている。

4 首相官邸ホームページ:日韓首脳会談後の共同記者会見(要旨)平成16年7月21日

5 外務省ホームページ:「日本の領土をめぐる情勢—竹

6　島」より抜粋

7　外務省資料2008年4月21日「日韓共同プレス発表」親しみを感じる48・3％、感じない46・9％

8　慰安婦問題の背景、日韓間の協議の模様等については、内閣官房及び外務省が取りまとめた資料「慰安婦問題を巡る日韓間のやりとりの経緯～河野談話作成からアジア女性基金まで～」（平成26年6月20日）に詳しく説明されており、本稿の記述も基本的には本資料に基づいている。

9　聞き取り調査の内容は公表されていないが、元慰安婦の証言は、聞き取り調査を行った関係者が「半ば嗚咽しながら」東京に電話報告するほど心の痛む内容であったと指摘されている。

10　谷野作太郎：アジア外交　回顧と考察　岩波書店　241ページ

慰安婦の方々の状況については、報道でも取り上げられた。

2005年7月29日付東京新聞は、「記憶　戦後60年」と題するシリーズにおいて、韓国蔚山（ウルサン）に住んでいた1942年当時14歳であった李玉善（イオクソン）さんが買い物に出かけた際、突然見ず知らずの男たちに捕まり町から連れ去られ、貨物列車で中国東北部の日本軍駐屯地に連れて行かれ、同駐屯地で慰安婦として性の相手を強要された体験、駐屯地における慰安婦の悲惨な状況等を報じている。

11　この「河野談話」については、「強制性」を裏付ける具体的資料は発見されていないなどわが国において一部強い批判が存在している。

12　署名したのは、橋本総理、小渕総理、森総理及び小泉総理

13　インドネシアでは高齢者社会福祉推進事業が実施され、69か所の高齢者福祉施設が完成した（「基金」は、日本政府からの拠出金を原資とする10年間で3億8、000万円規模の支援を合意。最終的支出は3億6、700万円）。事業は2007年3月に終了。

オランダでは、オランダの事業実施委員会が先の大戦中心身にわたり癒しがたい傷を受けた方々の生活状況の改善を支援するための事業を実施することとなり、79名の方に事業が実施された（「基金」は、日本政府からの拠出金を原資とする3年間で総額2億5、500万円規模の財政的支援を合意。最終的支出は2億4、500万円）。事業は2001年7月終了。

2014年10月14日：外務省資料「慰安婦問題に対する日本政府のこれまでの施策」

14　上述注11のとおり、わが国においては1993年8月4日の河野談話に対して当初から批判の声が存在して

いたが、2007年6月14日には日本の自由民主党、民主党及び無所属の国会議員、政治評論家、ジャーナリストなどが、米国ワシントンポスト紙において「THE FACTS」というタイトルで慰安婦に関する立場を表明した。その中において女性が軍により売春を強要されたことを示す資料はこれまで発見されていないこと、女性たちは、当時世界のどこにおいても見られた認可された売春制度の下で働いていたことなどが指摘されている。

15 秦郁彦：「慰安婦と戦場の性」　新潮新書　291ページ

16 韓国においても、挺隊協の対応について一部に問題意識が存在する。
朴裕河：帝国の慰安婦　朝日新聞社　162〜176ページ
また、2020年5月、元慰安婦の李容珠(イヨンス)さんが挺隊協の後身である正義記憶連帯を、「挺隊協が慰安婦を利用したことは絶対に許せない」等強く批判し、韓国において大きな波紋が広がっている。
朝日新聞　DIGITAL 2020年5月25日

17 本件は、従軍慰安婦側（請求人）が韓国政府（被請求人）を相手に提起した憲法請願審判。本件に関する記述に当たっては、国会図書館資料「従軍慰安婦及び原爆被害者に対する違憲決定」（藤原夏人著）などを参照した。

18 1992年1月8日に開始された日本大使館前の水曜デモの1000回目に当たり、韓国挺身隊問題対策協議会により設置された。

19 2011年12月19日付朝日新聞

20 2012年3月2日付朝日新聞

21 2011年12月19日付日本経済新聞、朝日新聞

22 2012年9月9日付朝日新聞は次のとおり報道。
「日韓双方の関係者によると、元慰安婦問題について韓国側は少なくとも野田首相が『法的には解決済み』ということは避けてほしいと要請。代わりに元慰安婦をいたわる言葉が得られれば、懸案だった経済連携協定や防衛協力の締結に向け、合意する準備があるとのサインを送った」

23 2012年3月2日付朝日新聞

24 2012年8月11日付朝日新聞は、李明博大統領の側近が、「今も大統領は骨の髄まで日本好き」と語ったことを紹介している。

25 2012年8月11日付毎日新聞

26 2012年8月11日付朝日新聞によれば、韓国大統領側近は、「法的な解決などではなく、日本が被害者の気持ちをやわらげてくれればいいと大統領は今も考え

27

ている。なぜそれができないのかと不信感を募らせていた」と語っていた。
２０１５年12月28日の外務省公表資料に基づく記者会見の関連部分は次のとおり。
「1．（1）岸田外務大臣による発表は、以下のとおり。
（中略）
ア　慰安婦問題は、当時の軍の関与の下に、多数の女性の名誉と尊厳を深く傷つけた問題であり、かかる観点から、日本政府は責任を痛感している。
安倍内閣総理大臣は、日本国の総理大臣として改めて、慰安婦として数多の苦痛を経験され、心身にわたり癒しがたい傷を負われたすべての方々に対し、心からおわびと反省の気持ちを表明する。
イ　日本政府は、これまでも本問題に真摯に取り組んできたところ、その経験に立って、今般、日本政府の予算より、すべての慰安婦の方々の心を癒す措置を講じる。具体的には、韓国政府が、元慰安婦の方々の支援を目的とした財団を設立し、これに日本政府の予算で資金を一括で拠出し、日韓両政府が協力し、全ての元慰安婦の方々の名誉と尊厳の回復、心の傷の癒しのための事業を行うこととする。
ウ　日本政府は上記を表明するとともに、上記（イ）の措置を着実に実施するとの前提で、今回の発表により、この問題が最終的かつ不可逆的に解決されることを確認する。あわせて、日本政府は、韓国政府と共に、今後、国連等国際社会において、本問題について互いに非難・批判することは控える。
（2）尹外務部長官による発表は、以下のとおり。
（中略）
ア　韓国政府は、日本政府の表明と今回の発表に至るまでの取り組みを評価し、日本政府が上記1．（1）（イ）で表明した措置が着実に実施されるとの前提で、今回の発表により、日本政府と共に、この問題が最終的かつ不可逆的に解決されることを確認する。韓国政府は、日本政府の実施する措置に協力する。
イ　韓国政府は、日本政府が在韓国日本大使館前の少女像に対し、公館の安寧・威厳の維持の観点から懸念していることを認知し、韓国政府としても、可能な対応方向について関連団体との協議を行う等を通じて、適切に解決されるよう努力する。
ウ　韓国政府は、今般日本政府の表明した措置が着実に実施されるとの前提で、日本政府と共に、今後、国連等国際社会において、本問題について互いに非難・批判することは控える。
2．なお、岸田外務大臣より、前述の予算規模について、概ね10億円程度と表明された。

（以下略）

28　２０１５年12月30日付ネット版毎日新聞

29　２０１６年８月31日付ネット版毎日新聞

30　朴槿恵大統領の最も信頼する友人と目されていた崔順実（チェスンシル）をめぐる様々な疑惑（崔順実の国政への関与、崔順実及びその娘等に対する様々な不正な便宜供与）

31　康京和（カンギョンワ）韓国外務部長官の２０１８年１月９日の記者会見における発言。２０１８年１月10日付朝日新聞

32　２０１７年12月29日付朝日新聞。２０１８年２月９日の日韓首脳会談においても、文在寅大統領より同様の認識が表明された（２０１８年２月10日付朝日新聞）。

33　外務省資料

34　本訴訟の経緯は次のとおり（２０１８年10月30日　ＮＨＫ政治マガジンによる）。
１審のソウル中央地方裁判所と２審のソウル高等裁判所は、ともに原告側の訴えを退けたが、最高裁は２０１２年５月、「反人道的不法行為や植民地支配と直結した不法行為による損害賠償請求権は、日韓請求権協定の適用対象に含まれていると見ることは難しい」との判断を示し、また「個人の請求権は消滅していない」として２審の判決を取り消し、高裁に差し戻した。これ受けて２０１３年７月、高裁は、１人につき１億ウォンの損害賠償を新日鉄住金に命じる判決を言い渡した。徴用をめぐる問題の裁判で日本企業に損害賠償の支払いを命じたのは、この判決が初めてであった。これに対して新日鉄住金は上告し、最高裁も受理したが、およそ５年間にわたって本格的審理は行われてこなかった。２０１８年８月、最高裁は、13人の判事全員が参加する審理を始めたことを明らかにしていた。

35　４．で述べたとおり、日韓の人的交流は、２０１０年までは順調に拡大したが、２０１１年には関係冷却化を反映し、両国間の人的往来は５００万人を割った。しかしながら、日本から韓国への流れは依然としてこれまでのピーク（２０１２年の３５２万人）を下回っているものの、韓国から日本への流れは回復し、２０１５年には韓国からの訪問者の大幅増に支えられ、人的往来は５８４万人と６００万人に迫り、２０１８年には１，０４９万人（日本から韓国２９５万人、韓国から日本７５４万人）と１千万の大台を超えた。

36　事実関係は、高麗神社ホームページによる（komajinja.or.jp）。

37　天皇陛下の韓国に関する御発言の全文は次のとおり。
「日本と韓国との人々の間には、古くから深い交流があったことは、日本書紀などに詳しく記されています。韓国から移住した人々や、招へいされた人々によって、様々な文化や技術が伝えられました。宮内庁楽部の楽

師の中には、当時の移住者の子孫で、代々楽師を務め、今も折々に雅楽を演奏している人があります。こうした文化や技術が、日本の人々の熱意と韓国の人々の友好的態度によって日本にもたらされたことは、幸いなことだったと思います。日本のその後の発展に、大きく寄与したことと思っています。私自身としては、桓武天皇の生母が百済の武寧王の子孫であると、続日本紀に記されていることに、韓国とのゆかりを感じています。武寧王は日本との関係が深く、この時以来、日本に五経博士が代々招へいされるようになりました。また、武寧王の子、聖明王は、日本に仏教を伝えたことで知られております」

38

日本人カメラマン1名も一緒にホームに飛び降り落ちた人を助けようとしたが、3名とも亡くなられた。

第Ⅵ章 日中関係について

1. 日中関係の重要性

中国は、古くから様々な交流で結ばれた重要な隣国である。近代に入り、日本の中国侵略という不幸な時期が存在したが、両国は、1972年の共同声明で関係を正常化し（田中政権）、1978年には平和友好条約を締結（福田赳夫政権）、緊密な関係構築に努力してきた。1982年の歴史教科書問題以降も中曽根政権、竹下政権など歴代政権の下で基本的には良好な関係が維持された。1992年10月には宮沢政権の下、天皇皇后両陛下（現上皇上皇后両陛下）が国交正常化20周年の機会に中国をご訪問された。天皇陛下は、北京における10月23日の晩さん会において、日中関係に関し、概要次のようなお言葉を述べられたが、両陛下の中国ご訪問は、両国国民の間の親近感を大きく高めることとなった。

「（日中の）交流の歴史は古く、特に7世紀から9世紀にかけて行われた遣隋使、遣唐使の派遣を通じ、我が国の留学生は長年中国に滞在し、熱心に中国の文化を学びました。両国の交流は、そのような古い時代から長い間平和裡に続き、我が国民は、長年にわたり貴国の文化に対し深い敬意と親近感を抱いてきました。……しかし、この両国の関係の長きにわたる歴史において、我が国が中国国民に対し多大の苦難を与えた不幸な一時期がありました。これは私の深く悲しみとするところであります。戦争が終わった時、我が国民は、このような戦争を再び繰り返してはならないとの深い反省にたち、平和国家としての道を歩むことを固く決意して、国の再建に取り組みました。……貴国との間においては、……将来にわたる末長い平和友好を誓い合う関係が生まれ、広範な分野での交流が深まりつつあります。私はこのような両国民間の関係の進展を心から喜ばしく思うとともに、この良き関係が更に不動のものとなることを望んでやみません」[1]

同行した外務省関係者は、最初に訪問した「北京での状況はもちろん物珍しさも含めて、大勢の人が沿道を埋め尽くしたけれども、皆険しい顔立ちだった」、次の「西安のときには市民たちの表情がちょっと緩み」、最後の訪問地の「上海に着かれたころには市民挙げての歓迎ムードになった」、上海の南京路では「市民たちが両陛下の車に目掛けて大歓声と拍手の中、皆笑顔で『歓迎(ファンイン)！歓迎(ファンイン)！』と寄ってきた」[2]旨述べているが、天皇皇后両陛下の中国御訪問により、日中関係は新たな頂点を迎えることとなった。陛下は、その歓迎ぶりについて、「えがおもて　迎えられつつ　上海の　灯ともるまちを　車にてゆく」との御歌をお詠みになった。[3]

日中関係は、国交正常化後、紆余曲折はあったものの、大きな流れとしては友好協力関係強化の方向に進んだ。今日、両国間には次のとおり経済的にも極めて緊密な相互依存関係が存在する。[4]

・日中貿易総額：3、040億ドル（2019年）
日本にとって中国は最大の貿易相手国、中国にとって日本は米国に次ぐ2番目の貿易相手国
・日本の対中直接投資総額：38・1億ドル（2018年）
中国にとって日本は国として第4位の投資国（1位シンガポール、2位韓国、3位英国）
・日系企業の拠点数：3万3、050拠点（2018年10月）

日系企業の海外拠点数で中国は第1位

・人的往来

日本→中国：269万人（2018年）

中国→日本：954万人（2019年。全訪日観光客数の30%。第2位韓国、第3位台湾）

・中国における在留邦人数：120、076人（2018年10月1日現在）

・在日中国人数：786、241人（2019年6月末現在）

2. 中国との関係の複雑性

中国は、世界第二の経済大国であり、政治的にも存在感を益々高めている国際社会の主要プレーヤーである。上述のとおり、我が国とは古くから緊密な交流があり、我が国として中国と円滑な意思疎通をはかり、相互理解を深め、もって緊密な友好協力関係を強化していくことが重要であることは論を俟たない。

しかしながら、国際社会においては、強権的傾向を強めている習近平政権の言論の自由、表現の自由など民主主義的価値観に対する圧迫、チベットやウイグル族等少数民族との関係など国内における民族問題、人権問題への対応に懸念と批判が存在している。2020年5月22日から28日に開催された中国全国人民代表大会においては、香港における国家安全に重大な危害を与える行為（国家分裂、国家政権転覆、テロ活動等）及び海外勢力が香港に干渉することを防止・処罰することを目的とする法律を全人代常務委員会が制定し、香港において直接適用し、また、中央政府の国家安全関係機関が香港に機構を設立し国家安全を守るための業務を行う等の決定が行われた。この決定に対して、我が国を含む国際社会は、このような中国の措置は、香港の一国二制度を「劇的に損なう」ことになる、「英国と中国との共同声明の原則に基づく国際義務に直接衝突する」[5]など批判と懸念の声を表明した。しかしながら、6月30日、全人代常務委員会は「香港国家安全維持法」を可決した。

加えて、著しい経済発展を遂げた「中国の台頭」、特に中国の一貫した軍事力の増強及びその積極的・攻勢的な対外政策に対しても疑念と懸念が存在する。中国の増大している影響力及び対外政策に対しては2019年12月4日のＮＡＴＯ（北大西洋条約機構）設立70周年記念首脳会議ロンドン宣言においても「機会（opportunities）と共にチャレンジ（challenges）をもたらしている」など指摘された。中国は、冷戦構造崩壊の過程における国際社会の新たなダイナミズムの中で、1989年に長年緊張状態が続いていたソ連（当時）との関係を再構築するとともに、1990年には東南アジアのインドネシア及びシンガポールと、また1992年には韓国との関係を正常化するなど外交の幅を大きく広げた。経済的には、1978年の改革・開放政策導入以降躍進を続け、2010年にはＧＤＰの規模で日本を抜き世界第二の経済大国の地位を占めるに至った。冷戦構造末期の1990年の中国ＧＤＰの世界に占めるシェアは1・59％であったのに対し（米国26・31％、日本13・82％）、2018年には16・33％に達している（米国24・18％、日本5・82％）。[6]国力の高まりを背景に、2013年には「シルクロード経済ベルト」及び「21世紀海上シルクロード」構想を発表（両者の総称が一帯一路構想）、2015年にはアジア・インフラ投資銀行（AIIB）設立を主導するなど積極的な外交を展開しており、存在感を大きく高めている。

他方、経済発展とともに国防費も1998年度から2015年度までの間、2010年度を除き毎年2桁の伸び率を記録し、[7]軍事力の増強及びその積極的展開、重要な交易路である南シナ海における確立した国際法規に反する「9段線」の主張[8]や一方的行動（複数の国々が領有権を主張している南沙諸島や西沙諸島における軍事利用の目的を含む人工島建設や示威行動等）は、[9]日本を含む国際社会における大きな懸念及び中国の意図についての疑念を呼んでいる。中国は、2017年の第19回共産党大会において2035年までに社会主義現代化、今世紀中葉までに社会主義現代化強国の実現など新たな長期目標を明らかにしている。各国と中国は、中国に対する上記のような懸念の存在をも踏まえ、共に国際社会の平和的発展に貢献していくことができるよう、円滑な意思疎通を図り、相互理解をより一層深めていくことが求められている。

日中両国にとっても、相互に円滑な意思疎通を図り、協力関係の強化に向けて努力を継続することが重要である。そのためにも歴史問題をめぐる不信感や尖閣諸島をめぐる対立により両国間の率直かつ建設的な対話のための環境が損なわれるようなことは避けなくてはならない。日中間においては、1982年の歴史教科書問題以降、歴史問題が両国関係に常に影を落としてきたことは否定できない。1998年11月の江沢民（コウタクミン）国家主席の訪日に際しては日中共同宣言が合意（26日）され、[10]この文書は、197

2年の共同声明、1978年の平和友好条約及び2008年に合意された「戦略的互恵関係」の包括的推進に関する共同声明（福田康夫総理と胡錦濤国家主席の間で合意）と共に日中関係の4つの基本文書の一つとなっているが、同文書作成の過程においても歴史問題について日中間で厳しいやり取りが行われた。

中国側は、江沢民国家主席の前に訪日した韓国の金大中大統領との間の日韓共同宣言（10月8日）[11]においては日本側の「心からのお詫び」という文言が存在していたことから、中国との関係においてこの表現が欠けると国内がもたないとして「お詫び」を宣言に含めることを強く主張した。これに対し、日本側は反対の姿勢を貫いた。当時の小渕内閣としては、「そこまで『謝罪』にこだわられると日本の国内がもたない」[12]などの考慮により、「謝罪」を日中共同宣言に含めることを拒んだものと考えられる。日中共同宣言の関係部分の表現は次のとおりとなり、「謝罪」については小渕総理が口頭で伝達するかたちでこの対立に収拾が図られることとなった。

「双方は、過去を直視し歴史を正しく認識することが、日中関係を発展させる重要な基礎であると考える。日本側は、1972年の日中共同声明及び1995年8月15日の内閣総理大臣談話を遵守し、過去の一時期の中国への侵略によって中国国民に多大な災難と損害を与えた責任を痛感し、これに対し深い反省を表明した。中国側は、日本側が歴史の教訓に学び、平和発展の道を堅持することを希望する。双方は、この基礎の上に長きにわたる友好関係を発展させる」

日中共同宣言の問題は、後味の悪さを残すこととなったが、この経緯も、歴史問題が日中両国間における「わだかまり」として存在し続けていること、この「わだかまり」あるいは不信感[13]が依然として日中関係における「トゲ」として両国間の真の信頼関係と親近感の構築の妨げとなっていることを示す一例となった。我が国として歴史を直視することは第Ⅲ章でみたとおり、日本自身の将来の発展にとって不可欠であるが、中国との様々な分野における対話を効果的に進める上で今後とも歴史問題により建設的対話の環境が損なわれるようなことは避けなくてはならない。

3. 尖閣諸島[14]問題をめぐる緊張の高まり

2000年代に入り、「新しい歴史教科書」や靖国神社の問題など歴史認識問題による紆余曲折を経験しつつも、日中両国政府は、友好協力関係強化の努力を継続した。しかし、特に2010年9月以降、尖閣諸島の問題が大きな懸案として浮上し、両国間の緊張が高まった。

日本政府は、(イ)尖閣諸島が日本固有の領土であることは歴史的にも国際法上も明らかであり、現に我が国はこれを有効に支配している。したがって、尖閣諸島をめぐって解決しなければならない領有権の問題はそもそも存在しない、(ロ)中国が独自の主張を始めたのは、1968年秋に行われた国連機関による調査の結果、東シナ海に石油埋蔵の可能性があるとの指摘を受けて尖閣諸島に注目の集まった1970年代以降からである[15]などの立場を一貫して明らかにしている。また、尖閣諸島は戦後、沖縄本島とともに米国の施政権下におかれ、1972年、施政権が日本に返還されたが、この事実も尖閣

尖閣諸島

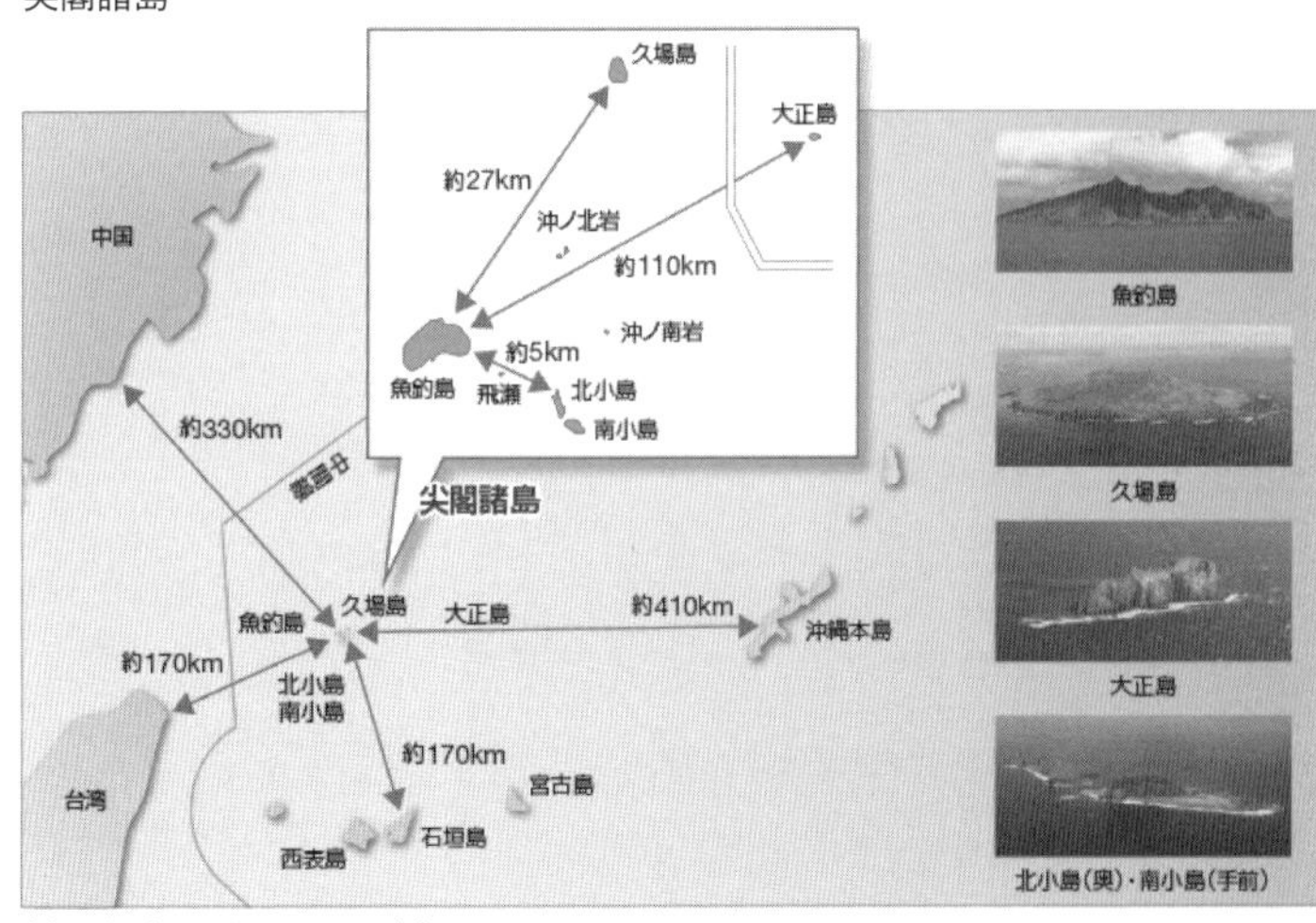

（海上保安レポート2018年）

諸島が台湾の一部ではなく南西諸島の一部であることを裏付けるものである。[16]

　これに対し、中国は、（イ）釣魚島及びその付属諸島（尖閣諸島）は、古くから中国固有の領土である。日本が甲午（コウゴ）戦争（日清戦争）を利用して釣魚島を窃取したことは不法かつ無効である、（ロ）第二次世界大戦後、「カイロ宣言」、「ポツダム宣言」などの国際法律文書に基づいて、釣魚島は中国に返還された、日本は、いかなる一方的な措置をとっても、釣魚島が中国に属する事実を変えることはできない、（ハ）米国は、釣魚島を勝手にその委任管理の範囲に組み入れ、70年代に釣魚島の「施政権」を日本に「返還」したが、これは不法かつ無効であるなどの立場[17]を主張している。

　中国は、尖閣諸島に対する日本の立場を、「世界反ファシズム戦争の勝利の成果に対する否定と挑戦でもある」とも主張しており、尖閣諸島の問題は、領土と歴史がからむ国民感情の上でも敏感な問題となっている。[18] 日中両国は、1972年の関係正常化の際も、またその後も、尖閣諸島の問題が両国の友好協力関係を損なうことがないよう可能な限り慎重に対応してきた。しかし、2010年以降、尖閣諸島の問題は、両国世論をも巻き込んだ日中間の大きな懸案として浮上し、緊張は大きく高まった。[19]
以下、尖閣諸島の問題への対応を模索する上での参考となるよう、2010年以降の尖閣諸島をめぐる状況を振り返ってみたい。

(1) 中国漁船船長の逮捕

2010年9月7日、尖閣諸島沖で中国漁船が停船命令を出しながら追跡していた海上保安庁巡視船に体当たりをするという事件が発生した。海上保安部は翌8日、この船長を公務執行妨害の容疑で逮捕したが、尖閣諸島をめぐる事件で中国国籍の人間を国内法に基づく刑事事件（公務執行妨害）の犯人として逮捕したのははじめてのことであり、歴史的一歩が踏み出された。[20]
前記のとおり、日本政府は、「尖閣諸島が日本固有の領土であることは歴史的にも国際法上も明らかであり、現に我が国はこれを有効に支配している。したがって、尖閣諸島をめぐって解決しなければならない領有権の問題はそもそも存在しない」との立場を堅持している。他方、中国も尖閣諸島の領有権を主張しており、尖閣諸島の問題は、1972年の日中国交正常化に際しての首脳会談をはじめ、首脳レベルでも提起されてきた。

・1972年9月27日の日中会談（田中総理／周恩来総理）

（田中総理）尖閣諸島についてどう思うか？私のところに、いろいろ言ってくる人がいる。

（周総理）尖閣諸島問題については、今回は話したくない。今、これを話すのはよくない。石油が出るから、これが問題になった。石油が出なければ、台湾も米国も問題にしない。

・1978年10月25日の日中会談（福田赳夫総理／鄧小平副総理）

（鄧副総理）（……思い出したような素振りで……）もう一点言っておきたいことがある。両国間には色々な問題がある。例えば中国では釣魚台、日本では尖閣諸島と呼んでいる問題がある。こういうことは、今回のような会談の席上に持ち出さなくてもよい問題である。園田外務大臣にも北京で述べたが、われわれの世代では知恵が足りなくて解決できないかもしれないが、次の世代は、われわれよりももっと知恵があり、この問題を解決できるだろう。この問題は大局から見ることが必要だ。（福田総理より応答はなし。）

更に、同日行われた記者会見で、鄧小平副総理は次のように述べた。

（記者）尖閣諸島は日本固有の領土で、先ごろのトラブルは遺憾と考えるが、副総理の見解は。

（鄧副総理）尖閣列島をわれわれは釣魚島と呼ぶ。呼び方からして違う。確かにこの問題については双方に食い違いがある。国交正常化のさい、双方はこれに触れないと約束した。今回、平和友好条約交渉のさいも同じくこの問題に触れないことで一致した。中国人の知恵からして、こういう方法しか考えられない。というのは、この問題に触れると、はっきりいえなくなる。確かに、一部の人はこういう問題を借りて中日関係に水をさしたがっている。だから両国交渉のさいは、この問題を避ける方がいいと思う。こういう問題は一時棚上げしても構わないと思う。十年棚上げしても構わない。われわれの世代の人間は知恵が足りない。われわれのこの話し合いはまとまらないが、次の世代はわれわれよりもっと知恵があろう。その時はみんなが受け入れられるいい解決方法を見いだせるだろう。

以上は外務省資料[21]に基づくものである。日中双方とも、領有権にかかわる問題は容易に国民感情を刺激し得るものであることを認識し、尖閣諸島の問題により日中関係の根幹が揺るがされることがないよう、慎重に対応してきた。尖閣諸島をめぐっては、これまで中国の活動家が領海に侵入し、また、上陸を試みた事例が多数発生していたが、日本側はいずれも警告退去等の措置をもって対応した。また、2004年3月24日には中国人活動家7名が尖閣諸島に上陸、乗ってきた漁船が行方不明となり、退去が不可能になったなどの事情もあり、出入国管理及び難民認定法違反の容疑で現行犯逮捕が行われたが、2日後の26日には強制送還された。[22]このように、尖閣諸島にかかわる問題については、領有権の問題が可能な限り争点化することのないよう、日中双方とも自制的に対応してきたが、このような「静かな」対応は、「領有権の問題はそもそも存在しない」という日本の立場に照らしても好ましいものであった。

2010年9月7日の事件は、これまでとは異なる形で推移することとなった。菅直人政権は、政治主導を重視するとともに原則的立場を踏まえて「毅然とした態度で臨む」との方針の下、前述のとおり

これまでの主な領有権主張活動（海上保安レポート2011）

平成 8年 9月26日	香港活動家が乗船した船舶が尖閣諸島領海に侵入。活動家数名が海に飛び込み、うち1名死亡
平成 8年10月 7日	香港、台湾の活動家等が乗船した船舶49隻が尖閣諸島に接近。うち41隻が領海に侵入。4名が魚釣島西端の岩礁に上陸。抗議活動後、退去
平成 9年 5月26日	香港、台湾の活動家等が乗船した船舶30隻が尖閣諸島に接近。うち3隻が領海に侵入。2名が巡視船に飛び乗るも強制退去
平成 9年 7月 1日	台湾活動家等が乗船した船舶1隻が尖閣諸島領海に侵入。警告退去
平成10年 6月24日	香港、台湾の活動家等が乗船した船舶6隻が尖閣諸島に接近。うち1隻及び搭載ゴムボートが領海に侵入。警告退去
平成15年 6月23日	中国活動家等が乗船した船舶1隻が尖閣諸島領海に侵入。警告退去
平成15年10月 9日	中国活動家等が乗船した船舶1隻が尖閣諸島領海に侵入。警告退去
平成16年 1月15日	中国活動家等が乗船した船舶2隻が尖閣諸島領海に侵入。警告退去
平成16年 3月24日	中国活動家等が乗船した船舶1隻が尖閣諸島領海に侵入。活動家7名が手漕ぎボートにより魚釣島西端に上陸。警察が逮捕し、入国管理局が中国へ強制送還
平成18年 8月17日	台湾活動家等が乗船した船舶1隻が尖閣諸島に接近。接続水域において警告退去
平成18年10月27日	香港、中国活動家等が乗船した船舶1隻が尖閣諸島領海に侵入。警告退去
平成19年10月28日	中国活動家等が乗船した船舶1隻が尖閣諸島領海に侵入。警告退去
平成20年 6月16日	台湾活動家等が乗船した船舶1隻が尖閣諸島領海に侵入。警告退去。台湾公船が随伴
平成22年9月14日	台湾活動家等が乗船した船舶1隻が尖閣諸島に接近。接続水域において警告退去。台湾公船が随伴

9月8日、中国船長を日本政府として初めて公務執行妨害容疑で逮捕し、9月10日に続き19日の石垣簡易裁判所の勾留期限延長決定に基づき、起訴をも念頭に長期間勾留した。日本政府は、「わが国の法律に基づき厳正に対処していく」[23]との立場を重ねて明らかにした。

しかしながら、同じく尖閣諸島に対する領有権を主張している中国から見れば、日本の措置は中国の立場を大きく害するものであった。中国政府は、中国人船長の逮捕に直ちに強く抗議し、船長の即時釈放を求めた。中国外務省の姜瑜（カンユ）副報道局長は9日、日本側の対応が「中日関係の大局に深刻な打撃を与えることを日本側ははっきりと認識すべきだ」[24]との立場を明らかにした。中国政府は、12日までの間に丹羽駐中国大使を楊潔篪（ヨウケッチ）外相、戴秉国（タイヘイコク）国務委員を含め5度にわたり招致し、「重大な関心と厳正な立場」を表明し、日本側の「賢明な政治判断」を促し船長をはじめ乗組員と漁船の早期返還を求めた。[25] このような中国の異例ともいえる強い反応は、中国政府が今回の事件をいかに深刻かつ重視しているかを示すものであった。事件は、中国でも大きく報道され、中国世論の関心も高まっていたが、日本側が「わが国の法律に基づき厳正に対処していく」との姿勢を強調し、特に19日に船長の勾留期限再延長の決定を行うと強く反発し、温家宝首相が「即時無条件」の釈放を求めた。[26] 中国政府は、「領土と主権を守る」との立場から態度を一層硬化させ、様々な対抗措置を強化した。中国各地では、反日デモも激しさを増し広がっていった。

日中関係において緊張が大きく高まる中、9月24日、那覇地方検察庁は、「引き続き被疑者の身柄を勾留したまま捜査を継続した場合の我が国国民への影響や今後の日中関係を考慮すると、これ以上の身柄の拘束を継続して捜査を続けることは相当ではないと判断した」[27]など説明しつつ、中国人船長の処分留保及び釈放を決定した。[28] 日中間ではその後もしばらくの間は緊張が続いたが、事態はようやく沈静化の方向に向かうこととなった。

しかしながら、那覇地方検察庁の処分保留、釈放の発表は、日本において「結局は中国の圧力に屈した」との印象を与えることとなり、それまでの日本政府の「毅然とした対応」、強気の言動との対比において、多くの国民に唐突に映り、「相手側の出方を見誤った要素が大きい」、「戦略の欠如を痛感させた」などの指摘[29]が行われ、その後の政府の手を縛ることとなった。処分保留及び釈放の決定は、「外交的敗北だ」[30]などの批判をも呼び、政府は、尖閣諸島問題について国内政治上も益々「毅然とした」姿勢を示さざるを得ない状況となり、強硬な発言が一層目立つようになっていった。

中国漁船の海上保安庁巡視船への体当たりは、悪質なものではあったが、一人の泥酔した中国漁船船長に日中関係がこれほどまでに翻弄されたことは極めて残念なことであった。[31]

中国側の強い反発は、尖閣問題のこれまでの経緯から当然に予想されたことであった。尖閣諸島の問題については、日中両政府とも事実上これまで慎重かつ自制的に対応してきたこともあり、より冷静沈着な危機管理の余地があったのではないかとの印象が強く残る出来事となった。この事件により、中国側は、尖閣諸島問題について改めて問題意識を高めた。また、今回の事件の日本側の対応及び中国側の対抗措置により、尖閣諸島の問題は広く国際社会の懸念と注目を集めることとなった。日本政府は、「領有権問題は存在しない」との立場を堅持したが、尖閣諸島について日本と中国との間に深刻な領有権の争いが存在することについて、改めて国際社会に広く周知されることとなった。「領有権問題は存在しない」という主張は、国内向けの議論としてはともかく、国際的には説得力を大きく損なうこととなった。

今回の中国漁船の問題は、尖閣諸島問題「棚上げ論」について日中の立場の相違を際立たせることとなった。先に述べたとおり、日本政府は、中国も現実に尖閣諸島の領有権を主張している中、大局的観点から中国との友好協力関係の発展を追求していく上で尖閣諸島問題が日中間の大きな争点となるようなことを可能な限り回避するよう努力してきた。「棚上げ論」についてこれを否定するような発言も基本的にはあえて行われてこなかった。むしろ、上記１９７２年及び１９７８年の経緯などを見ても、日本政府も実際上は「棚上げ論」について少なくともあえてこれを否定しないという姿勢をとっていたとの印象があった。この「曖昧さ」が、対立の激化を防ぐ安全弁の役割を事実上果たしていたが、これも外交上の一つの叡智であった。

しかしながら、今回の中国漁船衝突事件に際しては、総理、外務大臣をはじめ政府は、「棚上げ合意は存在しない」旨を重ねて対外的に明確に発言した。[32][33]「領土問題が存在しない」以上「棚上げすべき問題もない」というのは一つの論理であるが、このような主張により日本の立場が国際的にどの程度強化され得るのかは判然としない。国際的には尖閣諸島をめぐり日中間に深刻な領有権の対立があることは、日本側の言動及び中国側の反発により大きく周知される状況に至った。また、日本としては受け入れ難いとはいえ、中国側も強く領有権を主張している中で、武力による衝突をも辞さない限りは尖閣諸島を日本側が一方的に有効利用することは現実問題として極めて困難である。中国側は、これまでの経緯から日中両国は尖閣諸島の問題を棚上げにすることで合意していると認識しており、[34]今回、日本政府が「棚上げ論は一切存在しない」旨断定かつ強調したことは、公務執行妨害容疑に基づく逮捕、長期にわたる勾留などの対応とともに、中国側から見れば日本側における尖閣諸島問題についての現状(status quo)の変更の試みと認識され、中国側の強硬な反作用を招くこととなった。中国側も、尖閣諸島をめぐる自らの主張を裏付けるための言動を益々強めていくこととなった。

(2) 尖閣諸島国有化

日中国交正常化40周年に当たる2012年は、本来日中関係改善への節目となることが期待される年であったが、同年2月20日の河村名古屋市長の「南京事件はなかったのではないか」[35]などの発言が日中関係に波紋を広げ、両国関係にとっては幸先の悪い滑り出しとなった。更に同年4月16日には石原都知事が米国における講演で「東京が尖閣を守る」など述べつつ東京都として尖閣諸島を購入する意図を表明し[36]、同発言以降、尖閣諸島に対する内外の関心が改めて大きく高まるとともに日中間の緊張は深刻化し、日中関係は新たに大きな危機を迎えることとなった。

東京都の動きに対し、野田政権は、尖閣諸島の「平穏かつ安定的な維持管理」の必要性を強調し、2012年7月7日、国による尖閣諸島の購入（国有化）の意図を表明した。中国は、東京都知事の発言に既に警戒感を示していたが、政府の国有化についての発言は大きな反発を呼んだ。7月7日は、日中戦争が本格的に拡大した盧溝橋事件が勃発（1937年7月7日）した日に当たり、中国側から見れば、日本政府の表明は、日本の無神経さ及び尊大さを改めて示すものでもあった。中国政府は、再三にわたり日本政府に抗議の意を伝達し、中国各地においては反日デモ等が行われ、8月27日には丹羽駐中国大使の官用車が襲われ日本国旗が奪われるという事件が発生した。日中関係の緊迫度は高まっていったが、政府は国有化の準備を進めた。9月9日、ウラジオストックで開催されたAPEC（アジア太平洋平和協力会議）首脳会議の際、野田総理は胡錦濤（コキントウ）国家主席と短時間立ち話を行ったがその際、胡錦濤（コキントウ）国家主席は、日本側の島の購入は不法、無効であり強く反対する旨批判した。中国政府が日本政府の尖閣諸島国有化に強く反発する姿勢を明らかにしている中、日本政府は翌10日、関係閣僚会議で尖閣諸島の国有化を決定、11日に地権者と売買契約を結び20億5千万円で魚釣島、北小島及び南小島を国有化した。[37]

温家宝(オンカホウ)首相は10日、北京の外交学院で「主権と領土問題で政府と人民は絶対に半歩も譲らない」など強い言葉を述べたが、[38]日中関係は険悪化した。

東京都が、新たな国立競技場の建設などを含むオリンピックの諸準備、築地市場の移転問題など多くの重要な行政課題を自ら抱えている中で、また将来にわたり中国との関係で大きな火種と負担を抱えることが明らかであった中で、都政とは直接関係のない尖閣諸島の購入を進めることにつき都民の支持を最後まで得ることができたか否かは定かではないが、政府は、尖閣諸島の国有化を進めた。政府は、「尖閣諸島の平穏かつ安定的な維持・管理」と同時に「毅然たる外交」[39]を示すことも重視したが、このような立場は中国の反発を呼んだ。また、政府は、尖閣諸島の国有化は「我が国の土地の一部の所有権を、以前の所有者から国に移転するもの。他の国との間で何ら問題を惹起するものではない」[40]など説明したが、中国から見れば、尖閣諸島の国による購入は、日本政府による新たな重要な現状変更の試みとして認識され、中国がこのような日本政府の説明に納得するようなことは期待できないことであった。特に、胡錦濤(コキントウ)国家主席が上記9月9日のウラジオストックにおける野田総理との会談で自重を求めた直後に、中国側が「底線(我慢の限界)」と再三警告してきた国有化に日本が踏み切ったことで、反発が一気に強まる[41]こととなった。[42]

中国は、9月10日夜、「釣魚島および付属する島の領海基線に関する声明」を発表し、それぞれの島について、経度と緯度を具体的に示して領海を設定した。[43]中国気象局は11日、国家海洋予報台が尖閣周辺海域での海洋環境予報を正式に始めた旨発表し、国営中央テレビは11日、12日の各地の天気予報で魚釣島の天気と気温を初めて伝えた。[44] 中国外務省は、14日、沖縄県・尖閣諸島の周辺海域を「領海」と主張する新たな海図を国連に提出したと発表した。[45] 14日には、中国の海洋監視船6隻が相次いで尖閣諸島周辺の領海に侵入したが、一度に6隻の公船の侵入はこれまでの最多であった。中国国営新華社通信は、「主権維持のための巡航を行った」と伝えた。[46] 日中間の様々な交流行事は中止された。中国各地で一部暴徒化した反日デモが行われ、1931年の柳条湖事件81周年に当たる9月18日には反日デモは約100都市に及んだ。[47]

(3) 尖閣諸島問題についての現実的、理性的対応の必要性

上記のとおり、尖閣諸島の問題は、特に2010年以降日中両国間の極めて深刻な問題として顕在化し、国際社会において一時は日中間の武力衝突の可能性すら懸念される状況となった。[48] 尖閣諸島の問題が深刻化した以降、中国は、次頁の図のとおり、中国公船の尖閣諸島周辺海域における活動を著しく強化している。近年、日中間においては対話の機運の高まりも見られたが、尖閣諸島周辺における中国の活動は低下しておらずむしろ高まっており、今後とも中国側の「有効支配」の実績蓄積のための努力及びこれに対抗する日本側の措置により、尖閣諸島周辺海域における緊張が継続していくことが危惧される。

日本国内においては、「追っ払えばいいんだよ。体当たりしたらいいんだ」[49] 等の声や、一部には中国との「戦争」にも言及する声が聞かれたことが紹介されているが、[50] 日中両国としては、地域の平和と

中国公船による接続水域・領海侵入件数（海上保安レポート2018）

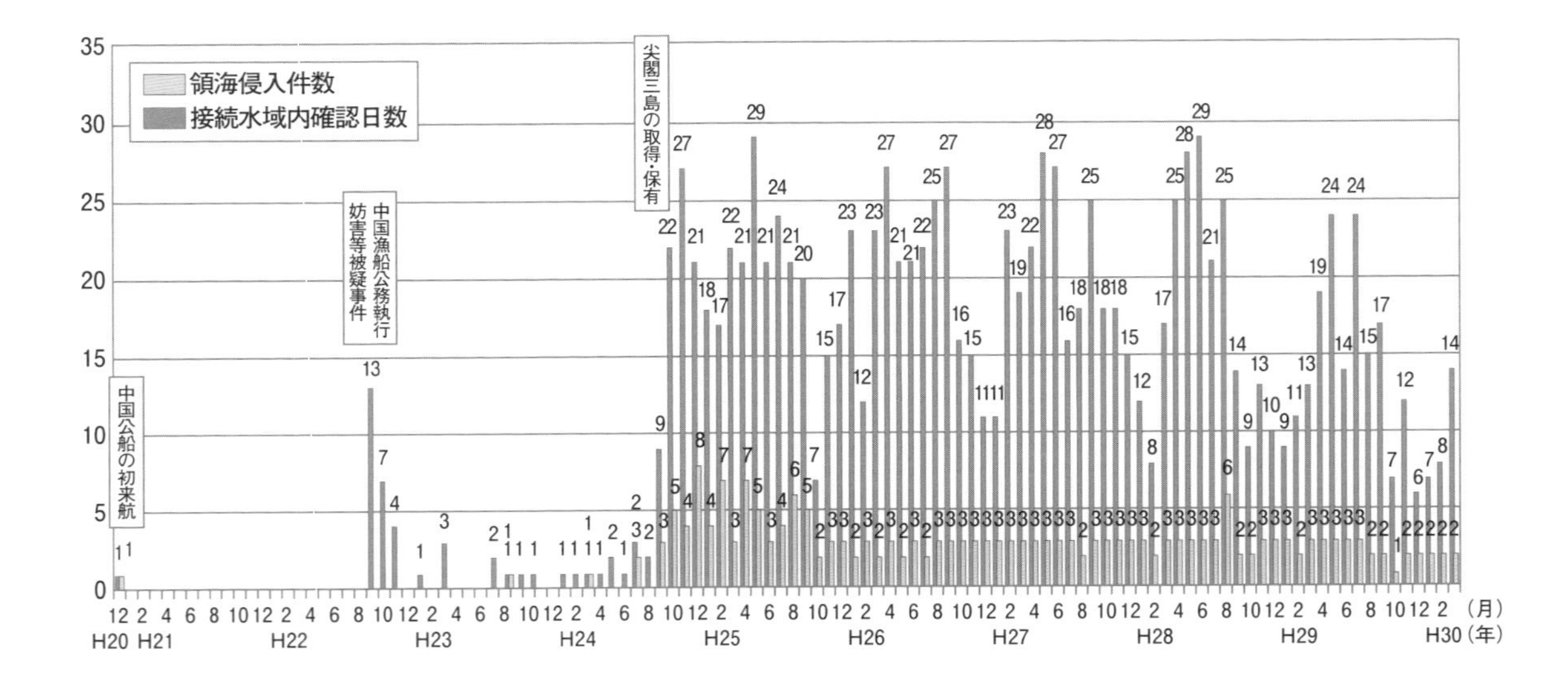

安全のために不測の事態が決して生ずるようなことがないよう、また、国際の平和と安全を損なうことがないよう、今後とも冷静な対応が求められている。

日本政府が「棚上げ合意は存在しない」旨を重ねて強調している中、琉球新報は２０１４年12月31日、公開されたばかりの英国政府公文書の内容を報じた共同通信の記事に基づき、１９８２年９月20日に東京において開催された鈴木総理とサッチャー英国首相の首脳会談について「尖閣『現状維持の合意』鈴木総理が明かす」、「『棚上げ』双方に利益」などの見出しで大きく報じた。同日付ジャパン・タイムズも共同の記事に基づき、日英首脳会談の模様を次のとおり報じた。

「（香港をめぐる英国と中国との交渉の参考のためとして）鈴木総理はサッチャー首相に対し、できるだけ参加者を限定して鄧小平（トウショウヘイ）と直接やり取りすることをアドバイスした。鈴木総理のアドバイスは、領有権の争いがある尖閣諸島問題の対応の経験を踏まえてのものであったが、この問題について鄧小平と直接やり取りを行うことによって、鈴木総理は、日中両政府が両国の主たる共通の関心を基礎に協力を進め、細かなことについての相違は脇に置くべきであることについて容易に合意に達することができた。また、その結果、この問題を具体的に取り上げることなく、現状を維持することについて合意され、この問題は事実上棚上げされた」

以上の記事は、英国の公文書に基づくものであるが、ここに示されている日本政府の対応は、この問題の今後の対応ぶりを考える上での示唆を含むものではないかと思われる。

4. 一層の相互理解をめざして

中国は世界第二の経済大国であり、国際社会における影響力も年々高めてきているが、中国も他の国同様国内において多くの課題を抱えており、中国との関係強化に当たっては、中国が国内の様々な課題に今後ともどのように取り組んでいくこととなるのかを適切に注視していかなくてはならない。対外政策においても、冒頭一部触れたとおり、中国が国際社会にとって多くの不確定要因を抱えていることは否定できない。しかしながら、日本は隣国であり中国とは歴史的にも長い交流の蓄積があり、今日においても緊密な相互依存関係を有している。その意味からも、我が国としては、中国との安定した関係を友好的かつ実務的に維持していくことは特に重要である。具体的には、中国との協力関係を深めるとともに、競争が必要な分野においては互いに切磋琢磨し、見解や立場が異なる問題については率直に主張すべきことは主張するとともに、可能な限り相互の立場の確認や調整を行い、相互理解を深め、両国の更なる発展並びに地域及び世界の安定に貢献していかなくてはならない。そのためにも、歴史認識問題や尖閣諸島の問題が、中国との現実的かつ相互理解及び信頼を前提とした率直な対話や協力を進めていく上での障害とならないように配慮していくことが重要である。

国民レベルにおいても、相互理解が深まることが重要である。内閣府が毎年実施している外交に関する世論調査によれば、下記グラフが示しているように、日本における中国に対する親近感は、１９８０

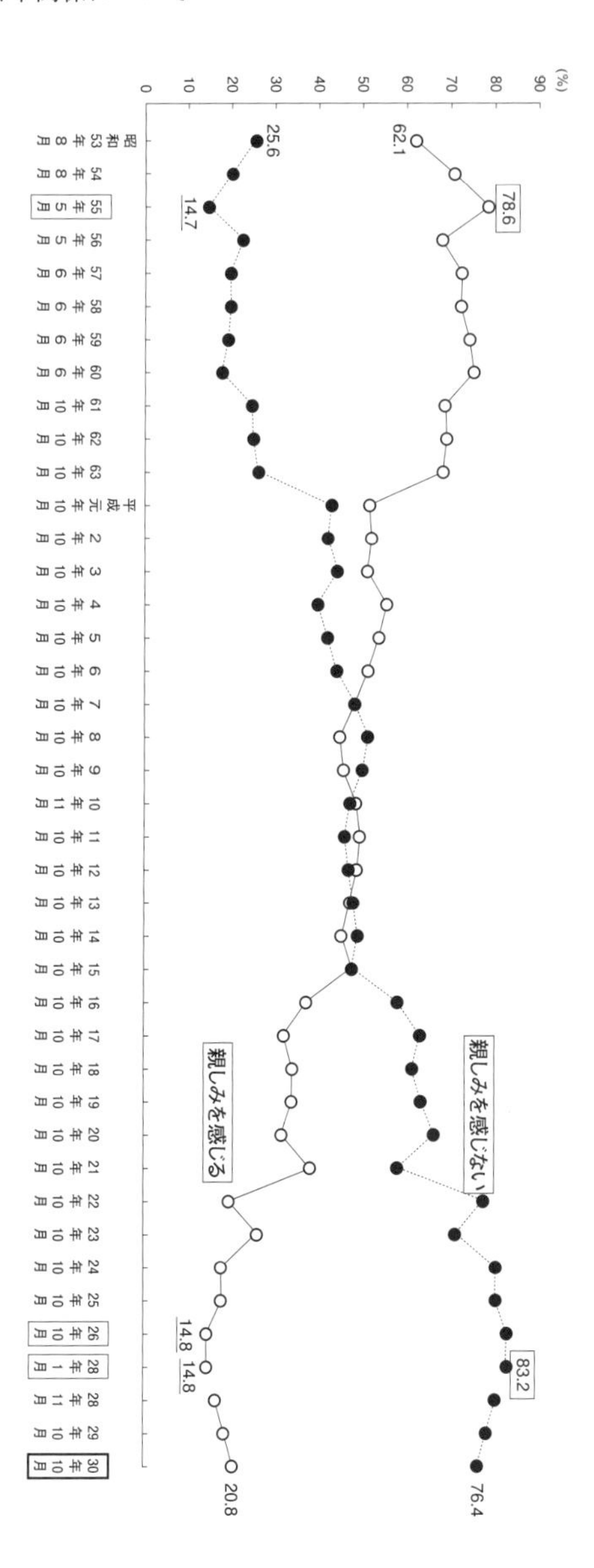

[内閣府：平成30年度外交に関する世論調査]
(%)
90
80
70
60
50
40
30
20
10
0
62.1
78.6
25.6
14.7
親しみを感じない
親しみを感じる
83.2
14.8
14.8
76.4
20.8
昭和53年8月
54年8月
55年5月
56年5月
57年6月
58年6月
59年6月
60年6月
61年10月
62年10月
63年10月
平成元年10月
2年10月
3年10月
4年10月
5年10月
6年10月
7年10月
8年10月
9年10月
10年11月
11年10月
12年10月
13年10月
14年10月
15年10月
16年10月
17年10月
18年10月
19年10月
20年10月
21年10月
22年10月
23年10月
24年10月
25年10月
26年10月
28年1月
28年11月
29年10月
30年10月

相手国に対する印象

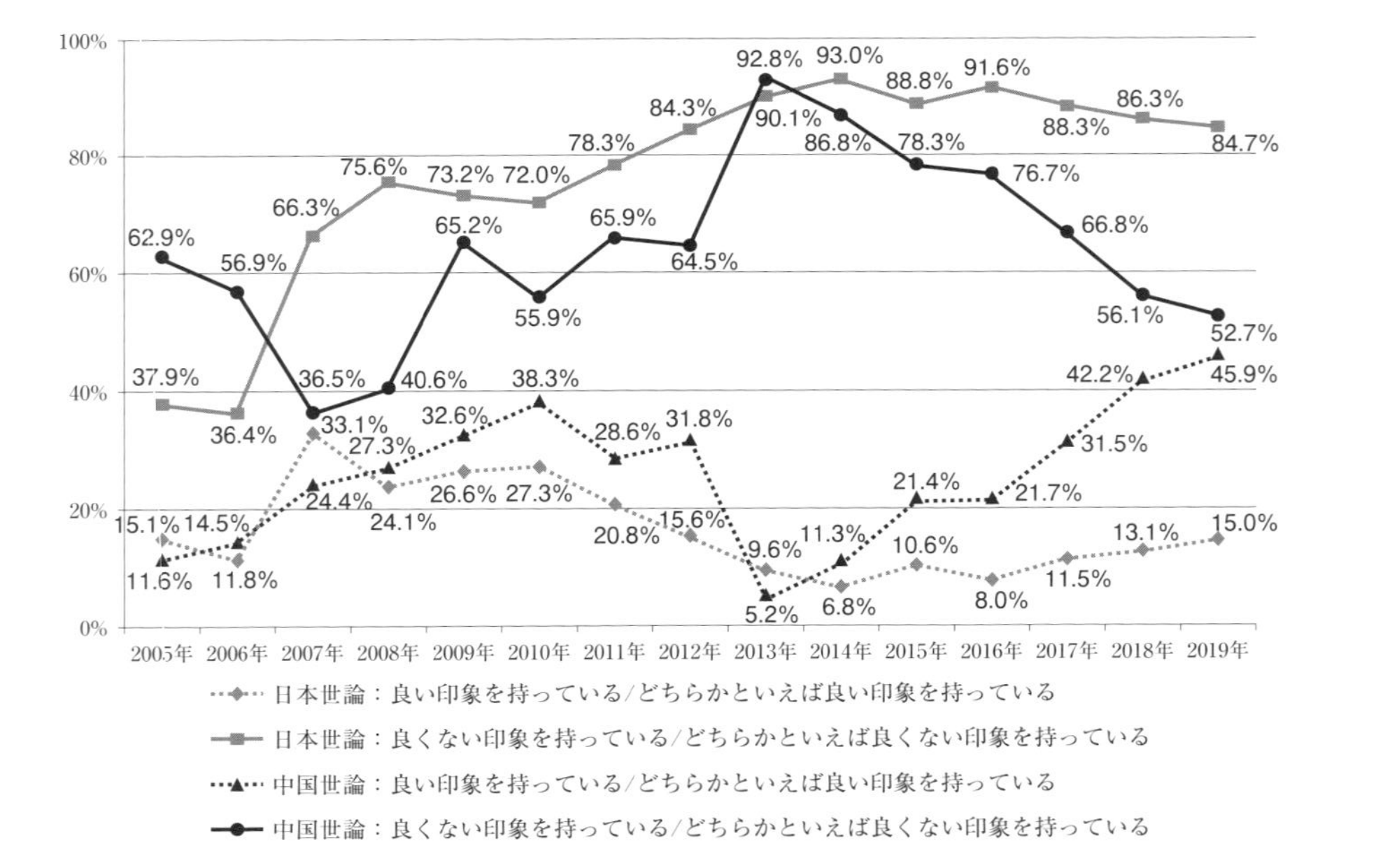

第15回日中共同世論調査（2019年）（出典：特定非営利活動法人言論NPO）

年にピークを経験し（中国に「親しみを感じる」との声が78・6％に達した）、その後も1989年の天安門事件までは高い水準を維持し、1994年までは「親しみを感じる」が常に上回っていた。1995年から2003年にかけては「親しみを感じる」と「親しみを感じない」が基本的には拮抗する状況が続いたが、2004年以降は「親しみを感じない」が優勢となり、尖閣諸島の問題が懸案として大きく浮上した2010年以降は、「親しみを感じない」との声が大きく高まった。

中国における状況も基本的には同様であったが、シンクタンク「言論NPO」と「中国国際出版集団」が2019年10月に発表した第15回日中共同世論調査によれば、中国人の日本に対する印象で「良い」（「どちらかといえば良い」を含む）との回答は45・9％（前年比3・7ポイント増）と2005年の調査開始以来最も高い数値を示した。他方、日本側における対中イメージは、多少は改善しているが15・0％と依然低水準にある。

日本人が、中国に「良くない」印象を持つ最も大きな理由は、「尖閣諸島周辺の侵犯」の51・4％だが、昨年の58・6％からは減少した。他方、「共産党の一党支配の政治体制に違和感を覚えるから」が37％から43％へと増加し、2番目に多い理由となった。中国人が日本に「良くない」印象を持つ理由は、「侵略した歴史をきちんと謝罪し反省していないから」と「釣魚島国有化」の二つが昨年同様約6割と突出している。

日中関係においては今後とも紆余曲折が予想されるが、両国市民間の交流の推進は、相互理解を高めていく上で極めて重要である。観光分野を含め、様々な交流が今後ますます進展することが強く期待される。

1 宮内庁ホームページ

2 谷野作太郎：外交証言録 アジア外交 回顧と考察 岩波書店 237～238ページ
２０１７年10月30日付朝日新聞

3 前掲谷野作太郎 ２３８ページ

4 外務省資料

5 １９８４年12月19日に署名された英中共同宣言。同共同宣言において、１９９７年に香港が英国に返還されること、香港は中国の一部となるが、返還から50年間（２０４７年まで）、外交と国防以外は高い自治を維持することなどが合意された（一国二制度）。

6 https://www.theglobaleconomy.com/rankings/gdp_share/

7 令和元年防衛白書

8 常設仲裁裁判所は、２０１６年7月12日、南シナ海問題に関する判決において、中国の〝９段線〟内側の資源に対する歴史的権利の主張は法的根拠がない旨結論付けた。
Permanent Court of Arbitration, Press Release The South China Sea Arbitration, The Hague, 12 July 2016

9 例えば、ニューヨーク・タイムズ紙のハンナ・ビーチ（Hannah Beech）記者は、米軍P-8A ポセイドン偵察機に搭乗した際の体験を２０１８年9月24日付記事において報じているが、同記事の中で、フィリピン沖公海上のミスチーフ（Mischief）礁の上を飛行中に何回も中国軍から退去を要請する警告を受けたこと、５年前はただの環礁であったところに今ではレーダー・ドーム、地対空ミサイルのシェルター、戦闘機の利用可能な滑走路が建設されており、スビ（Subi）礁、ファイアリー・クロス（Fiery Cross）礁でも軍事化のための建設が進められていること、２０１８年４月にはミスチーフ、スビ及びファイアリー・クロス礁に対艦及び対空ミサイルが配備されたこと、5月にはウッディ（Woody）島に長距離爆撃機が着陸したことなど、中国の南シナ海における活動を詳細に記している。

10 同時に発表された「日中両国の21世紀に向けた協力強化に関する共同プレス発表」においては幅広い分野における協力の強化が合意された。

11 第Ⅴ章1参照

12 前掲谷野作太郎 ２８６ページ。この「謝罪」をめぐる問題については２８４～２８８ページに記載されている。

13 江沢民国家主席は、訪日前、自民党の衆参１０５名の議員が名を連ねている歴史・検討委員会が編集した

「大東亜戦争の総括」（展転社　1995年）（第Ⅲ章注81参照）という図書のことを知って激怒したといわれている。

前掲谷野作太郎282ページ

14　南西諸島西端に位置する魚釣島、北小島、南小島、久場島、大正島、沖ノ北岩、沖ノ南岩、飛瀬等からなる島々の総称（海上保安レポート2018年）

15　外務省資料　日本の領土をめぐる情勢　尖閣諸島

16　ただし米国は、領有権と施政権は別個のものであり、尖閣諸島の領有権の問題については日中間で決められるべきものであるとの立場をとっている。

17　2012年9月25日、中国国務院報道弁公室が発表した白書「釣魚島は中国固有の領土である」より引用。矢吹晋：尖閣問題の核心　花伝社　資料編　26～36ページ

18　同上矢吹晋　資料編36ページ

19　中国外務省は、日本が尖閣諸島の国有化を関係閣僚会議で決定した2012年9月10日、声明の中で「日本は、甲午戦争（日清戦争）の末期、清政府の敗北に乗じて釣魚島を盗み取った」とし、「魚釣島問題での日本の立場は、世界の反ファシズム戦争勝利の成果を否定するものだ」など述べた。
2012年9月14日付朝日新聞

20　春原剛：暗闘　尖閣国有化　新潮社　11ページ
本著においては、尖閣諸島をめぐる日中間のやり取り、日本国内の様々な動きが詳細に記述されている。

21　外務省資料：尖閣諸島に関するQ&A
なお、横浜市立大学の矢吹晋名誉教授は、「日本学刊」1998年第1期を引用しつつ中国外交顧問として1972年の日中首脳会談全体に同席した張香山の回想記には、次のとおり日中首脳会談についてより詳細に記載されていることを紹介している。
田中首相「私はやはり一言言いたい。私は中国側の寛大な態度に感謝しつつ、この場を借りて、中国側の尖閣列島（＝釣魚島）に対する態度を伺いたい」
周総理「この問題について私は今回は話したくない。今話しても利益がない」
田中首相「私が北京に来た以上、提起もしないで帰ると困難に遭遇する。今私がちょっと提起しておけば、彼らに申し開き（申し開きの中国語＝交代）できる」
周総理「もっともだ！そこは海底に石油が発見されたから、台湾はそれを取り上げて問題にする。現在アメリカもこれをあげつらおうとし、この問題を大きくしている」
田中総理「よし！これ以上話す必要はなくなった。またにしよう」

周総理「またにしよう！今回我々は解決できる基本問題、たとえば両国関係の正常化問題を先に解決する。これは最も差し迫った問題だ。いくつかの問題は時の推移を待ってから話そう」
田中総理「一旦国交が正常化すれば、私はその他の問題は解決できると信じる」
前掲矢吹晋　31～32ページ
その他、1978年10月の鄧小平副総理訪日の際の福田総理との会談の模様については、次の文献に記述されている。
田島高志：外交証言録　日中平和友好条約交渉と鄧小平来日　岩波書店　129～130ページ

22 岸本正人：日本の外交力　毎日新聞社　91～93ページ

23 菅総理の9月8日の発言。2010年9月9日付日本経済新聞他

24 2010年9月14日付朝日新聞

25 2010年9月13日付朝日新聞夕刊

26 2010年9月22日付朝日新聞夕刊

27 2010年9月25日付朝日新聞

28 前掲岸本正人　116ページ
同著は、2010年の「尖閣諸島沖衝突事件への対応」について、政策決定過程に着目して、その経緯と背景、問題点を取り上げているが（86～119ページ）、その中で「何事も原則論に反論することは難しい。しかし、原則論だけで対外政策を決定し、国際政治を動かすことができないのも現実である」、「外務省も『粛々と』法的手続きを進める当初の原則論を修正する力にはならなかった」など指摘している。3ページ、95ページ、108ページ。

29 2010年9月25日付日本経済新聞

30 2010年9月25日付朝日新聞

31 前掲春原剛　44ページ

32 例えば、2010年10月21日の衆議院外務委員会における前原外務大臣答弁、同年10月26日の質問主意書に対する菅総理の答弁書。
前掲矢吹晋　23～24ページ

33 外務省の尖閣問題Q＆Aにおいても「棚上げを合意した事実」や「現状維持」について合意したという事実はない旨述べられている。

34 前掲矢吹晋　資料編　36ページ
中国国務院報道弁公室白書は、結びの言葉の中で次のとおり指摘している。

「1970年代、中日両国が国交正常化と『中日平和友好条約』を締結する際、両国の先代の指導者たちは両国関係の大局に目を向け、『釣魚島の問題を棚上げし、将来の解決に委ねることについて諒解と共通認識

に達した。』

35　2012年2月20日付日本経済新聞ネット版
36　2012年4月17日付朝日新聞夕刊他各紙報道
37　2012年9月11日付朝日新聞他各紙
38　同上
39　野田総理は、9月10日告示の民主党の代表選の公約に、「領土・領海の防衛に不退転の決意で臨む」と掲げ、「尖閣諸島の国有化」を明記した。
　　2012年9月11日付朝日新聞
40　2012年9月11日の記者会見における藤村官房長官の発言。
　　2012年9月11日付朝日新聞夕刊
41　2012年9月11日付朝日新聞
42　2013年7月16日付日本経済新聞は、第1期オバマ政権で国務次官補を務めたカート・キャンベル氏が尖閣諸島国有化問題に関し、日本側に、「中国側から見て『現状の変更』と映るようなことを避ける道がないのか」、「よく注意してほしい。あなた方は今後、長期にわたって起こること（日中の神経戦）について、引き金を引くことになるかもしれない」など、提案、助言したことを報道。
　　また、2016年1月31日付朝日新聞は、キャンベル次官補が日本政府に対し国有化について中国側と事前協議をするよう強く求めたこと、日本政府は、中国は実際には（国有化）の必要性を理解しており、容認するはずだと考えていたこと、これに対しキャンベル次官補は懐疑的であったことなど報じている。
43　2012年9月11日付朝日新聞夕刊
44　2012年9月12日付朝日新聞
45　2012年9月15日付朝日新聞
46　2012年9月14日付朝日新聞夕刊
47　2012年9月19日付朝日新聞
48　The Economist 2012年9月22日号は、尖閣諸島の写真を表紙に掲げ、「中国と日本は本当にこのために戦争をするのか」（Could China and Japan really go to war over these?）とのタイトルを付記
49　石原都知事の発言。2012年9月15日付朝日新聞
　　石原都知事は、内輪の会合などで、「尖閣をめぐって中国と戦争になっても仕方がない」、「戦争をやっても日本は負けない」など述べていたことも指摘されている。
50　前掲春原剛　120ページ、146ページ、148～149ページ

第Ⅶ章

ポピュリズムについて（終わりに代えて）

1. 国際社会に見られるポピュリズムの広がり

ここ数年来、「ポピュリズム」という語がしばしば報道等を賑わせている。2016年6月23日の英国のEU離脱をめぐる国民投票及び同年11月8日の米国大統領選挙は、世界の多くの人々の意表を突く結果をもたらし、ポピュリズム政治に対する危機意識を高めることとなった。インターネット辞書Dictionary.comは2016年、同年を象徴し、多くの人々が検索した「本年の言葉」としてゼノフォビア（「Xenophobia」―自分とは異なるもの、特に外国や外国人を嫌うこと）を選択したが、国際社会においてはポピュリズム政治に対する懸念とともに民族主義的議論、排他的傾向、内向き思考の広がりに対する危機感が広がった。第Ⅳ章で見たとおり、ドイツにおいても増加する難民に対する市民の懸念や反感を背景にポピュリズム的主張が高まっている。

ポピュリズムについては様々な分析[1]が行われているが、「ポピュリズムはデモクラシーの後を影のようについてくる」[2]と指摘されているとおり、ポピュリズムの定義の如何にかかわらず、民主主義とポピュリズムは切っても切れない関係にある。我々は、これまでも政治闘争の過程で、自らの政治的立場を強化する目的で国民の民族主義的感情を煽るような政治家の言動をしばしば目にしてきたし、現在でも目にしている。ポピュリズムは、格差の拡大など多くの市民の問題意識や不公平感（グローバル化などの潮流に取り残されているとの危機感等）に光を当て、これら市民への親身な対応の重要性を促すなどの積極的側面をも有するものであるが、他方では、中長期的な視点よりも短期的視点が強調され、また、「敵と味方を峻別する発想が強いことから、政治的な対立や紛争が急進化する危険」[3]があり、社会の分断化をもたらし得る。特に今日では、インターネットなどのＩＴ技術の飛躍的進歩により、単純、一方的かつ煽動的、またしばしば虚偽の情報も世界の隅々にまで拡散され得るため、社会の分断も一層深刻化するリスクが高まっている。[4]更に、ポピュリズム政治が強権的政治体制に向かう危険性も指摘されている。[5]最大の民主主義国家として世界をリードしてきた米国についても、ハーバード大学のレヴィツキー及びジブラット両政治学教授は、トランプ大統領には次の４つの権威主義政治の特徴がみられるとの警告を発している。[6]

①民主主義のゲームのルールに対する薄弱な意識
②政治的競争相手の正当性の否定
③暴力に対する抵抗感の欠如又は暴力の慫慂
④メディアを含め政治的競争相手の社会的自由を制約することに対する抵抗感の欠如

2. ポピュリズムが国際政治にもたらすリスク

以上のとおり、ポピュリズム政治については様々な問題点が指摘されているが、対外関係においては「敵の像を作る」、「ゼロ和ゲーム的思考が強い」、「国際協調より内向きの政策を選択する」などの傾向がみられ、国際関係の不確実性及び緊張を高め、安定を損なうリスクを内包している。[7]

第Ⅲ章で見たとおり、国際社会においてはすべての国家が自らの国益を追求するために不断の努力を継続している。そのため、国家間において利益の衝突が生じることは今後とも避けられない。国際社会において武力衝突などの深刻な対立を回避しつつ様々な問題を解決していくためには、相手の立場、考え方、相手の国の状況などを可能な限り把握し（これは必ずしも相手の立場を受け入れるということを意味しない）、その上でお互いに利益となるような解決（win-win解決）を共に追求していくことが必要である。しかしながら、様々な利益の衝突を中長期的視点をも視野に入れ、冷静かつ理性的に解決していくことは、国内においても常に熾烈な政治闘争が行われているため、容易なことではない。私たちは、政治家が国内における自らの政治的立場の強化を目的に、対外的に強硬な発言をしたり行動を採るのをしばしば目にするが、このような行動や発言は、国際問題の解決には結びつかない。国際社会の前途には今後とも常に大きな不確実性が存在する。哲学者ハンナ・アーレントが、「私たちがいかに過去から学ぶことができたとしても、それによって未来を知ることができるようになるわけではない」[8]旨指摘しているとおり、国際社会は、歴史から多くの貴重な教訓を学んだが、歴史の悲劇が繰り返されることをも幾度となく目撃している。

1881年に生まれ、第一次大戦及び第二次大戦を体験したオーストリアの作家ステファン・ツワイクは、第一次大戦前の数十年間、欧州の人々は科学技術や医学の発展の恩恵に浴し、安定と安全を享受し、文化を楽しみ、文明に対する自信を深め、理性が支配する時代において「戦争」のような野蛮なことは最早起こりえないと考えていたことを述べている。[9] にもかかわらず、20世紀の世界は、未曾有の破滅的かつ残忍な戦争を二度も体験することとなった。エリッヒ・フロムは、１９４１年の著書「自由からの逃亡」の序説において、「我々が直面する重要な問題は、われわれの知的能力の発展が感情の発展をはるかに凌駕していることである。人間の脳は20世紀に住んでいるが、大多数の人間の心は依然として石器時代に住んでいる」[10] と述べている。科学がいかに進歩し、人間の知識がいかに豊富になっても人間の感情は基本的に変わるものではないとの警告は、今日においても妥当する。

ここに、人間の闘争心などの本能や様々な感情を煽るいわゆるポピュリズムの政治手法が入り込む隙が存在する。例えば、他国との対立を念頭に「断固」、「毅然」、「最大限」、「１ミリたりとも」等々の形容を伴う言動は、多くの場合国内に向けて自らの「強さ」や「毅然とした姿勢」をアピールし、もって自らの政治的立場を強化するために行われる。「日本の伝統」、「日本の優秀性」などの言葉は、何ら否定的意味を持つ言葉ではないが、国内の民族主義的感情を煽り、又は他国を見下すために使用される場合には、やはり不安定性を高めるリスクがある。

太平洋戦争当時、大本営報道部員であった平櫛孝元陸軍中佐は、当時の状況を振り返り、「冷静な判断を下す者は『敗戦主義者』『腰ぬけ』として排除され、口先だけで実態のない精神主義を振りまわす者ばかりが愛国者の風を装って横行していた」[11]、又は、「太平洋戦争は、常に空疎な大言壮語をもてあそぶ血気派が大勢を制することによって、日本を内部から崩壊に導いていった、と言ってもいいだろう」[12] と述べているが、我々は、今日においても、このような状況が再現されるようなことがないよう、常に留意していかなくてはならない。

一国における強硬な言動は、当然のことながら他国における同様に強硬な反応を誘引し、問題解決に資するよりはむしろ対立をエスカレートかつ複雑化させる。特に、国の指導的立場にある人達は、他国との協調的関係の構築を真剣に目指すのであれば、それぞれの国の世論を刺激し、また煽る様な言動を慎み、むしろ世論が過度に加熱しないように配慮しなくてはならない。それが特に対外関係をつかさどるそれぞれの国の指導者に求められる識見である。日中関係や日韓関係においても配慮されなくてはならない重要なポイントである。

内政と対外関係は表裏一体の関係にある。一国の強硬かつ民族主義的議論は、他国における強硬かつ民族主義的議論に「塩を送る」こととなる。一国の国内向けの強硬意見は、皮肉な現象であるが、他の国における強硬意見を政治的に支援する結果となり、「強硬論のシナジー」ともいうべき現象が生まれる。その結果、いずれの国においても、穏健派の立場は弱くなる。対立や紛争はエスカレートし、国家間の緊張は高まり、国際関係は不安定となる。このような悪循環に陥ってはならないということが、本来国際社会がこれまでの歴史から学び取らなくてはならなかった最も重要な教訓の一つである。

3. ポピュリズムのもたらす危険にどのように対応すべきか

現在、多くの国でポピュリズム的主張が力を得ている傾向が見られるが、このような流れに歯止めをかける責任を有しているのは市民である。市民は、「勇ましい」発言が真に国際関係における様々な課題の解決を目指して行われているものであるのか、又は、自らの国内の政治的立場の強化を意図した内向きの発言であるのかを適格に判断しなくてはならない。

中国や韓国との関係においても、ポピュリズム的議論によりこれら両国との関係が翻弄されるようなことがないよう、我々は常に留意していくことが重要である。歴史認識や領土は、市民の民族主義的感情を容易に昂らせることのできる問題である。市民は、強硬な主張が相互にエスカレートしないように、友好的、協力的な関係の発展に向けて冷静に対応することが求められている。元駐日大使を務め、漢陽大学名誉教授の羅鐘一（ラジョンイル）博士は、「過去からの自由……前を見るために後ろを見る」と題する論文の中で、「我々にとって必要なのは開かれた社会、自由なプレス、市民の行動及び透明性」である、「民族主義の安ワインは、長期的には我々の利益を損なう。我々は、過去に対してもっと開かれた心で接しなければならない」[13]旨指摘しているが、過去に対する真摯な姿勢こそ、明るい将来につながることになる。

歴史認識問題については、日本としては、これ以上対立や誤解が生じることのないよう、政府が１９９５年に表明した歴史認識に対する信頼性を確固なものとしなくてはならない。日本の誠意に対する信頼感が高まれば、中国や韓国の一部においても、歴史認識問題を改めて提起する誘因も理由も取り除かれることとなろう。歴史認識問題について不信感とわだかまりを除去することができれば、日本は中国や韓国と様々な問題について率直かつ現実的観点に立って、主張すべきことは主張し、効果的かつ建設的に議論を行うことができる。様々な分野において一層心を開いて協力の道を探求することができる。

韓国との間で拗れが解消していない慰安婦の問題や最近焦点が再度当たっている徴用工の問題などについても、余裕のある心の通った対応を模索することができるのではないかと思う。

過去を直視し、寛容な開かれた姿勢を維持することができれば、日本に対する信頼感が高まり、我が国は東アジアのみならず世界の平和と繁栄にも一層寄与することができる。我が国の国際社会における肯定的存在感とともに我が国に対する肯定的評価も一層高まることとなろう。このような道を歩み続けることができるか否かは、われわれ一人一人の市民の意思にかかっている。

1 例えばCas Mudde and Cristobal Rovira Kaltwasser: Populism A very short introduction, Oxford University Press

2 マーガレット・カノヴァン 水島治郎：ポピュリズムとは何か　中公新書　ｉページ

3 前掲水島治郎　22ページ

4 著名なソーシャル・メディア分析者のジェミー・バートレットは、インターネットが民主主義に与えている影響を２０１６年の米国大統領選挙の状況をも含め様々な観点から指摘している。
Jamie Bartlett: The People vs Tech How the internet is killing democracy (and how we save it) Penguin Random House UK 2018

5 Max Fisher and Amanda Taub: Democracy crumbles in Venezuela, ２０１７年４月３日付ニューヨーク・タイムズ紙。いくつかの論点は次のとおり。
「ポピュリズムとは、最初は民主的に見え、またそのように感じられる道である。しかし、それは民主主義の後退引いては完全な権威主義的政治をもたらしうる」
「『大衆への権限の返還』との主張の下に行われるポピュリスト指導者たちの国家機関よりの権限の奪取は、実際には自らの権力基盤の強化のためとなる」

6 Steven Levitsky & Daniel Ziblatt：How Democracies Die, Crown Publishing Group

60～67ページ

7　米国のトランプ大統領は、「アメリカ第一主義（America first）」を強調しているが、自国の利益を優先するという考え方自体は、国際社会において特に不自然なものではない。しかしながら、トランプ大統領の場合には、（イ）自国第一主義を過度に強調し、民族主義的感情を煽っていること、（ロ）「非ゼロ和ゲーム的」思考ではなく「ゼロ和ゲーム的」思考で物事を捉えていること、（ハ）「敵の像」をつくり、対立を強調する傾向にあること、（ニ）「開かれた心」よりも内向き思考を強調していること、（ホ）これまで達成された国際的合意や国際的努力の枠組みを軽視していることなどにその特徴と問題がある。

8　Hannah Arendt：〝The Origins of Totalitarianism〟, Preface to Part Two：Imperialism 1967　xxviiページ

9　Stefan Zweig: Die Welt von Gestern（昨日の世界）Fischer Taschenbuch Verlag,　16～18ページ

10　Erich Fromm: Escape From Freedom, A Holt Paperbacks, xviページ

11　平櫛孝：大本営報道部　光人社NF文庫197ページ

12　同上　215ページ

13　Dr. Ra Jongyil：Freedom From The Past: Looking Back To Look Ahead. Asia 2025 Asia House Prudential 58ページ

参考資料

村山内閣総理大臣談話

「戦後50周年の終戦記念日にあたって」(いわゆる村山談話)

平成7年8月15日

先の大戦が終わりを告げてから、50年の歳月が流れました。今、あらためて、あの戦争によって犠牲となられた内外の多くの人々に思いを馳せるとき、万感胸に迫るものがあります。

敗戦後、日本は、あの焼け野原から、幾多の困難を乗りこえて、今日の平和と繁栄を築いてまいりました。このことは私たちの誇りであり、そのために注がれた国民の皆様1人1人の英知とたゆみない努力に、私は心から敬意の念を表わすものであります。ここに至るまで、米国をはじめ、世界の国々から寄せられた支援と協力に対し、あらためて深甚な謝意を表明いたします。また、アジア太平洋近隣諸国、米国、さらには欧州諸国との間に今日のような友好関係を築き上げるに至ったことを、心から喜びたいと思います。

平和で豊かな日本となった今日、私たちはややもすればこの平和の尊さ、有難さを忘れがちになります。私たちは過去のあやまちを2度と繰り返すことのないよう、戦争の悲惨さを若い世代に語り伝えていかなければなりません。とくに近隣諸国の人々と手を携えて、アジア太平洋地域ひいては世界の平和を確かなものとしていくためには、なによりも、これらの諸国との間に深い理解と信頼にもとづいた関係を培っていくことが不可欠と考えます。政府は、この考えにもとづき、特に近現代における日本と近隣アジア諸国との関係にかかわる歴史研究を支援し、各国との交流の飛躍的な拡大をはかるために、この2つを柱とした平和友好交流事業を展開しております。また、現在取り組んでいる戦後処理問題についても、わが国とこれらの国々との信頼関係を一層強化するため、私は、ひき続き誠実に対応してまいります。

いま、戦後50周年の節目に当たり、われわれが銘記すべきことは、来し方を訪ねて歴史の教訓に学び、未来を望んで、人類社会の平和と繁栄への道を誤らないことであります。

わが国は、遠くない過去の一時期、国策を誤り、戦争への道を歩んで国民を存亡の危機に陥れ、植民地支配と侵略によって、多くの国々、とりわけアジア諸国の人々に対して多大の損害と苦痛を与えました。私は、未来に誤ち無からしめんとするが故に、疑うべくもないこの歴史の事実を謙虚に受け止め、ここにあらためて痛切な反省の意を表し、心からのお詫びの気持ちを表明いたします。また、この歴史がもたらした内外すべての犠牲者に深い哀悼の念を捧げます。

敗戦の日から50周年を迎えた今日、わが国は、深い反省に立ち、独善的なナショナリズムを排し、責任ある国際社会の一員として国際協調を促進し、それを通じて、平和の理念と民主主義とを押し広めていかなければなりません。同時に、わが国は、唯一の被爆国としての体験を踏まえて、核兵器の究極の廃絶を目指し、核不拡散体制の強化など、国際的な軍縮を積極的に推進していくことが肝要であります。これこそ、過去に対するつぐないとなり、犠牲となられた方々の御霊を鎮めるゆえんとなると、私は信じております。

「杖るは信に如くは莫し」と申します。この記念すべき時に当たり、信義を施政の根幹とすることを内外に表明し、私の誓いの言葉といたします。

（出典：外務省https://www.mofa.go.jp/mofaj/press/danwa/07/dmu_0815.html）

永井荷風：「断腸亭日乗」上下　岩波文庫
永野慎一郎、近藤正臣編：「日本の戦後賠償」勁草書房
中村隆英：「昭和史　Ⅰ、Ⅱ」東洋経済新報社
日本戦没学生記念会編：「新版きけわだつみのこえ」岩波文庫
朴裕河：「帝国の慰安婦」朝日新聞社
秦郁彦：「南京事件」中公新書
秦郁彦：「慰安婦と戦場の性」新潮選書
林健太郎：「ワイマル共和国」中公新書
半藤一利、保阪正康、井上亮：「『東京裁判』を読む」日本経済新聞出版社
半藤一利：「B面　昭和史（1926→1945）」平凡社ライブラリー
半藤一利：「ドキュメント　太平洋戦争への道」PHP文庫
平櫛孝：「大本営報道部」光文社NF文庫
牧野伸顕：「牧野伸顕日記」中央公論社
水島治郎：「ポピュリズムとは何か」中公新書
村瀬興雄：「ナチズム」中公新書
文部省：「定本　国体の本義　臣民の道」呉PASS出版
カール・ヤスパース：「戦争の罪を問う」橋本文夫訳　平凡社
矢吹晋：「尖閣問題の核心」花伝社
山口定：「ファシズム」岩波現代文庫
吉田裕：「日本の軍隊」岩波新書
吉野作造（松尾尊兊編）：「中国・朝鮮論」東洋文庫161　平凡社
アンネッテ・ワインケ：「ニュルンベルグ裁判」中公新書
若槻泰男：「日本の戦争責任」上下　小学館ライブラリー
Hannah Arendt : “The Origins of Totalitarianism”
Jamie Bartlett : The People vs Tech How the internet is killing democracy (and how we save it) Penguin Random House UK 2018
Joachim Fest : Hitler Eine Biographie　Berlin Ullstein
Erich Fromm : Escape From Freedom, A Holt Paperbacks
Karl Jaspers：Die Schuldfrage Piper
Hans J. Morgenthau Revised by Kenneth W. Thompson：Politics Among Nations The Struggle for Power and Peace Sixth Edition 1985, McGraw-Hill Inc
Steven Levitsky & Daniel Ziblatt：How Democracies Die Crown Publishing Group
Yascha Mounk：The People vs. Democracy　Why our Freedom is in Danger ＆How to save it　Harvard University Press
Cas Mudde and Cristobal Rovira Kaltwasser: Populism　A very short introduction, Oxford University Press
Ra Jongyil：Freedom From The Past: Looking Back To Look Ahead, Asia 2025, Asia House Prudential
Joseph S. Nye, Jr.：Softpower The means of success in the world of politics Public Affaires,
Annette Weinke：Die Nürnberger Prozesse C.H.Beck
Erwin Wickert：John Rabe, Der gute Deutsche von Nanking　DVA
Stefan Zweig : Die Welt von Gestern　Fischer Taschenbuch Verlag

参考・引用文献

朝河貫一:「日本の禍機」講談社学術文庫
新しい歴史教科書を作る会編:「新しい歴史教科書誕生!!」(PHP)
井口武夫:「開戦神話」中公文庫
石射猪太郎:「外交官の一生」中公文庫
石川達三:「生きている兵隊」中公文庫
猪木正道:「軍国日本の興亡」中公新書
海野福寿:「韓国併合」岩波新書
エズラ・F・ヴォーゲル:「鄧小平」上下　日本経済新聞出版社
エズラ・F・ヴォーゲル:「日中関係史」日本経済新聞出版社
大杉一雄:「日中十五年戦争史」 中公新書
岡義武:「明治政治史」上下　岩波文庫
岡義武:「転換期の大正」岩波文庫
緒方貞子:「満州事変」岩波書店
小倉和夫:「秘録・日韓1兆円資金」講談社
鹿島守之助:「日本外交史3　近隣諸国及び領土問題」鹿島研究所出版会
鹿島守之助:「日本外交史7　日露戦争」鹿島研究所出版会
鹿取克章:「神のマントが翻るとき　東西ドイツ統一と冷戦構造の崩壊」ランダムハウスジャパン
岸本正人:「日本の外交力」毎日新聞社
北岡伸一:「政党から軍部へ　日本の近代5」中公文庫
金東祚:「韓日の和解」サイマル出版会
厚生省:「引揚げと援護30年の歩み」
小島朋之:「模索する中国」岩波新書
児島襄:「太平洋戦争」上下　中公新書
近衛上奏文 「最後の御前会議/戦後欧米見聞録　近衛文麿手記集成」中公文庫
斉藤鎮男:「私の軍政記」ジャワ軍政記刊行会
佐々木隆:「明治人の力量」講談社
重光葵:「昭和の動乱」上下　中公文庫
デヴィ・スカルノ:「回想記」草思社
瀬島龍三:「幾山河　回想録」産経新聞社
春原剛:「暗闘尖閣国有化」新潮社
高崎宗司:「検証日韓会談」岩波新書
高崎宗司:「妄言の原形」木犀社
高橋是清:「高橋是清自伝(下)」中公文庫
高見順:「敗戦日記」中公文庫
田島高志:「外交証言録　日中平和友好条約交渉と鄧小平来日」岩波書店
谷野作太郎:「外交証言録　アジア外交　回顧と考察」岩波書店
谷野作太郎:「中国・アジア外交秘話」東洋経済新報社
多谷千香子:「戦争犯罪と法」岩波書店
對馬達雄:「ヒトラーに抵抗した人々」中公新書
角田房子:「閔妃暗殺」新潮文庫
寺崎英成:「昭和天皇独白録」文春文庫
戸部良一:「外務省革新派」中公新書

鹿取克章（かとり　よしのり）
1950年東京生まれ。1973年一橋大学経済学部卒業、外務省入省。1989年在ドイツ連邦共和国日本大使館参事官、1992年北米局安全保障課長、1994年報道課長、1996年内閣審議官（沖縄問題担当）、1997年在ミュンヘン総領事、2000年在大韓民国日本大使館公使、2002年大臣官房審議官（報道・広報・文化交流担当）、2003年領事移住部長、2004年領事局長、2005年外務報道官、2006年駐イスラエル大使、2008年臨時本省事務従事（ＡＳＥＡＮ及び科学技術協力担当大使）、2010年外務省研修所長、2011年駐インドネシア大使、2014年外務省退職。

著書
「神のマントが翻るとき　東西ドイツ統一と冷戦構造の崩壊」
2010年　武田ランダムハウスジャパン

論文
「湾岸戦争と主要国議会の対応（西ドイツ）」議会政治研究No.1、議会政治研究会
「独議会の軍に対するコントロール」議会政治研究No.21、議会政治研究会
「RISUTORA Japans Weg in die globale Gesellschaft」
Universitätsverlag Regensburg, Band 25, 1999
「多様性と厳しい現実に育まれたイスラエル性」外交フォーラムNo.245,2008年12月
「ネタニヤフ政権と中東和平の行方」
中東研究　第504号（2009/2010 Vol.1）中東調査会
「ベルリンの壁崩壊とドイツ統一［冷戦終結30周年］」2019年10月　霞関会

東アジアの平和と繁栄に向けて
日中韓の友好協力関係強化に向けての道筋

著　者　鹿取克章
発行者　田中愛子
発行所　かまくら春秋社出版事業部
鎌倉市小町二―一四―七
電話〇四六七（二五）二八六四
印刷所　ケイアール

二〇二〇年十一月二十日　発行

ISBN978-4-7740-0815-8 C0031